JN079204

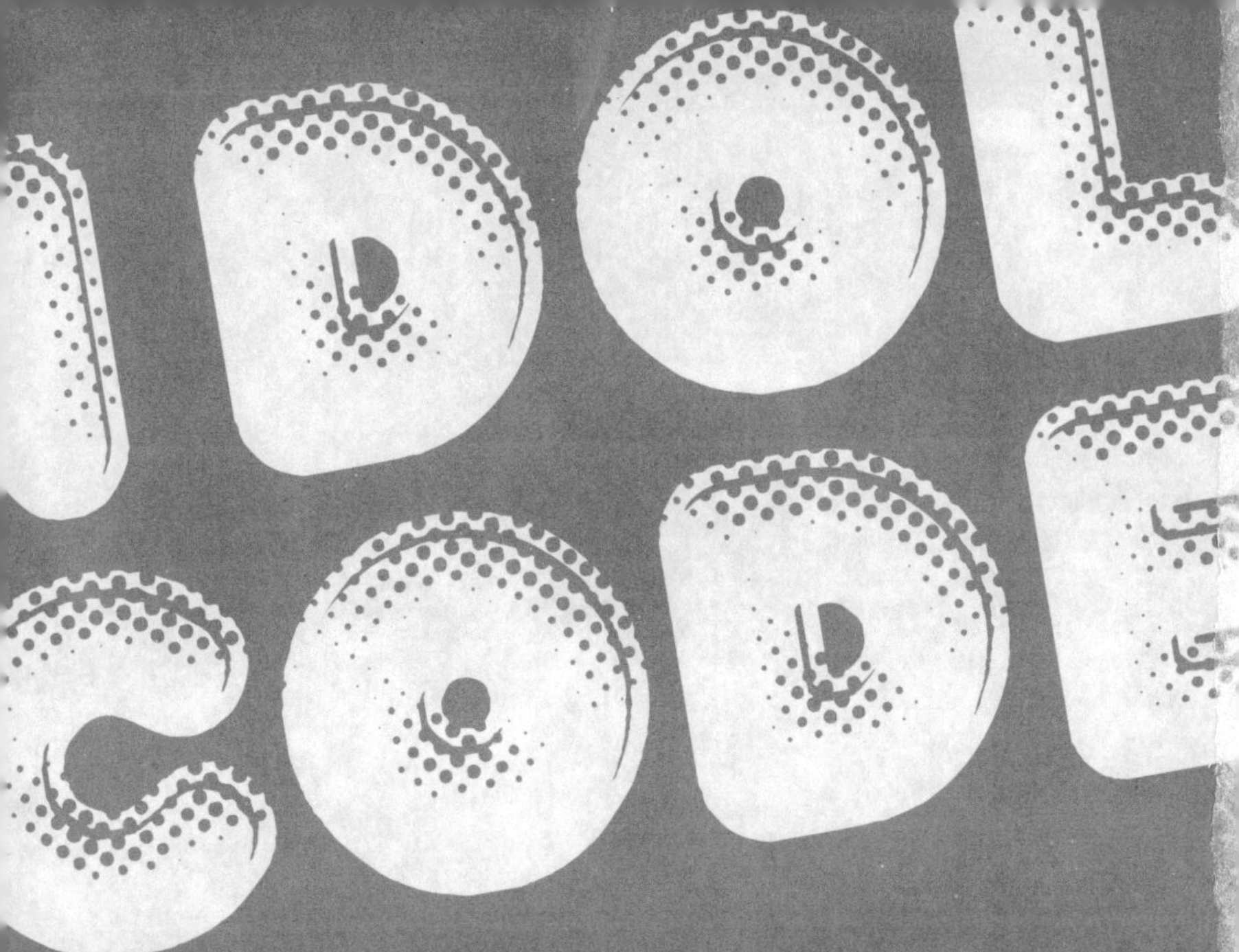


# アイドル・コード

## 託されるイメージを問う

上岡磨奈

青土社

アイドル・コード　目次

# アイドル・コード——託されるイメージを問う

はじめに

# 「アイドルらしさ」に向き合う

とある男性アイドルグループのライブ配信を見た時に生じた違和感から話を始めたい。新型コロナウイルス感染症の影響により数々のライブイベントが中止に追い込まれた二〇二〇年。その中でもアイドルを含む音楽業界、ライブエンターテインメント業界はいち早く無観客公演、ライブ配信へと切り替え、もはや平時と変わらないと言ってもいいようなパフォーマンスを画面を通じて各ファンの元に届けてくれた。その時に筆者が見ていたグループも、もちろんいつもの声援は聞こえないものの、画面の向こうのファンを意識して様々に趣向を凝らした演出でライブを盛り上げていた。その最中（さなか）、とあるメンバーがカメラ目線でこう呼びかけた。

「おうちで家族で見てくれてる人もいるのかな？　お父さん、すみません、お嬢さんと奥さんお借りします」

筆者の興奮はスッと覚め、ふと我に返って考えてしまった。「お父さん」が蚊帳（かや）の外に追いやられているのはどういう訳なのか。彼らにとって「お父さん」はファンではないのだろうか。「お父さん」と「お嬢さん」、「奥さん」を分け隔てるものは何なのだろうか。

もちろん「彼」にとってはファンサービス、ファンを一夜限りの夢の世界に誘うような甘い台詞として発されたものだろう。しかし、その台詞の外に置かれてしまった「お父さん」のことが気になってしまい、以降なかなか映像に集中できなくなってしまった。もし、「お父さん」こそが彼らのファンだったら？　安易に架空の悲劇に浸ることには注意が必要だが、「アイドル」としてファンに言葉を届ける以上は、ありとあらゆる想像力が必要なのではないかと思う。その言葉によって傷付く人はいないか、ないがしろにされている人はいないか。考え始めるとキリはないが、聞き慣れたフレーズの中にはこうした取りこぼしも往々にしてある。

*

この背景には、男性アイドルのファンの大半は女性であり、その視線は恋愛感情に似ていて、理想の恋人像をアイドルに重ねることがファンであるということなのだ、という一種の思い込みが存在する。もちろん実際にそれを否定することはできない。男性アイドルを理想の恋人のように思う女性ファンはおそらく存在するだろう。また、女性アイドルに対する男性ファンのまなざしについても同様であろう。

しかし、決してそれがすべてだと言い切ることはできない。ファンがどのような人で、どのような気持ちで好きなアイドルに想いを馳せているのかをほかの誰かが知る由はない。もしかしたらファンである当人にとってもその気持ちを言語化し、認識することが難しいということもあるのではないか。それでも「アイドル」という存在は、気軽に理想の恋人として読み替えられ、さまざまなものを託される。それは歌や踊り、言葉や仕草としてファンの気持ちに応えるための規則のようなものだろう。冒頭の彼は、それに則って「お嬢さん」と「奥さん」にだけ甘く囁（ささや）いたのだ。その言動は彼のアイドルとしてのアイデンティティであり、アイドルとしてステージに立つ上でのコードに従って振る舞ったに過ぎない。

しかし、今やこのコードに対しては再検討が迫られているのではないだろうか。二〇二〇年代に「推し活」と名付けられて社会現象的にパッケージングされた消費行動とそれに関連するムーブメントを見ても、ただファン活動を疑似恋愛だと言い切ることに素朴に疑問が付されるようになったように感じる。「推し」は恋人とは異なるものだという見方も一般的になり、「推し活」は生活の一部、または生活スタイルのひとつとして紹介される。それでも依然としてアイドルへの期待は、「理想の恋人」に収斂してしまいやすい。なぜなのか。

ほかにもこうしたコードの存在はいくつも確認することができる。

そもそも先の発言をしたアイドルを男性として「彼」と呼んだが、男性アイドルは男性で、女性アイドルは女性である、ということは当たり前のようで、これは性別の観点からアイドルにアイドルらしい振る舞いを強いる視線にもなりうる。性差を強調し、女性らしさや男性らしさを衣装やメイク、言葉遣い、所作、ダンスや歌などあらゆる箇所に散りばめるアイドルの演出は、まさにアイドルとしてのコードだろう。アイドルたちがそのコードを纏(まと)いながら演じていくことによって、性別に基づくステレオタイプ的なアイドルの可愛さやかっこよさが拡散されていく。

＊

こうした「アイドルらしさ」は、魅力的である一方、女性らしさや男性らしさ、またアイドルらしさを一元化してしまうことがある。実際には、多様なアイドルの見せ方がある一方で、女性アイドルであれば黒い髪とロングヘア、短いスカート、リボンやフリルというアイコンが「王道」とされやすい。アイドルとはこういうものである、という見せ方によって、若さや美しさ、細身の身体、女性であること、男性であることがアイドルの演出、振る舞いと強く結びついていく。そして、その基準に当てはまらない、また、当てはまらなくなった時、アイドルはアイドルとしての困難に向き合うことになる。素朴に当てはまらなさを揶揄する笑い声は、容姿や年齢に対する「いじり」となり、さらにはコードから外れていることを糾弾するような声も聞こえてくるかもしれない。

アイドルが「理想の恋人」というコードから外れた時、特に「彼氏」や「彼女」の存在が明らかになった時、笑い声は怒号(どごう)となって執拗なまでにアイドルを追い詰め、文字通りアイドルでいられなくなることもある。プロ意識に欠ける、ファンを裏切った、という怒りや悲しみの言葉は、恋人であるはずのファンからではなく、ただアイドルを知るだけの観客や視聴者、通りすがりの人々からも投げかけられる。むしろその方が多いのかもしれない。コードを共有しているからこそ、誰でも自由に思ったことを言いやすい。

筆者も、アイドルを対象に研究を行なっていると話したさいに「アイドルってあの大勢でフリフリの衣装で口(くち)パクで踊ってるのでしょう？ 何が面白いんですか」と返され、面食らったことがある。アイドルに対してこのようなイメージを持つ人がいることもわかるし、アイドルについては何が面白いかわからないという関心の程度だとしてもこんな風に気軽に評価できると思われやすいことも認識している。決してそうとも限らないのだと語ることはできるが、凝り固まったアイドルのイメージはそうそう変わることがない。「アイドルといえば…」と連想される諸々は、どのようにつくられ共有されてきたのだろうか。

＊

本書では現在のアイドルに付随するさまざまな絡まり合ったコードを解きほぐしながら、「アイドル」に対する固定観念がこれまでどうあったのかを検討していく。とは言っても、何らかの学術的なステップに基づいて議論を重ねる研究書ではなく、まずは同じような問題意識や違和感をもつ読者とともに思考を重ねることを目指している。

二〇二三年現在、既にアイドル自身が、これまでの「アイドル」が担ってきた社会的役割に対して疑問を持つことも、自らのクリエーションを手にそれらを新時代のものへと更新しようとすることも珍しくない。それは「アイドル」に結びついたイメージに疑問を投げかけることであったり、アイドルは何々すべきという暗黙のルールを打ち破ることであったり、既存の「アイドル」像を刷新しようとする試みとして、特に意図されていなかったとしても見る人に思案を促す。そうした実践に触れながら、今、アイドルはどのように変わっているのか、変わっていないのか、現在地を把握したい。

あまりにも気軽に、気易（きやす）く、また気さくに「アイドル」と名指されるアイドルたちだが、その四文字に課せられる重圧は当たり前になりすぎるあまり、観客の目にも、またアイドルである演者の目にも見えていないことがほとんどである。アイドルが背負っているもの、引き受けている視線を見直すことは、ファンだけに求められることではなく、アイドルとして表現活動を行なうパフォーマー、アイドルを創り上げるクリエイター、パフォーマーをサポートするマネージャーや家族、友人など、アイドルに関わるすべての人に必要であろう。時代の移り変わり、特に情報環境の変化によって新しい価値観を得たアイドルや観客たちは、次第にその歪さに気付き、声を上げ、さまざまなツールを通じて発信してきた。その一部の実践の、さらにほんの一部に過ぎないが、彼らの足跡から、変わりつつあるアイドルの現在を追尾することで、読者各々にとってのアイドル像が少しずつアップデートされることであろう。それは決して、今あるアイドルを楽しむ行為に水を差すということでも、その楽しみを奪うことでもない。ほんの少し、今あるコードを広げるだけで変化は訪れる。

「お父さん、すみません、お嬢さんと奥さんお借りします。それから、お父さんのハートも奪っちゃいますね」

そんな風に言葉が加えられていたら、冒頭の違和感は生まれなかったことだろうと思う。ただし、そもそも「お父さん」、「お嬢さん」、「奥さん」という呼びかけの中にもコードは潜んでいるということには注意が必要だ。「お父さん」、「奥さん」、「お嬢さん」を含む家族構成をスタンダードな家族像として提示し、「お父さん」に許可を取ることで「奥さん」と「お嬢さん」を「借りる」、つまりその中心には「お父さん」が存在する社会システムが大前提とされている（「奥さん」も「お嬢さん」も「お父さん」を基準とした呼び名であることからも明白である）。

こうしたアンコンシャスバイアス、無意識の偏見が我々の周りには蔓延しているが、無意識であるから特には気に留めず、当然のものとして疑いもせず、偏った見方はなかなか揺さぶられることがない。気にしない、気にしなければいい、気にならない、という声もあるだろう。しかし、その気付きから変わっていくことは可能であり、無意識のうちに虐げていた誰かに、そして自分に、気がつくことこそが必要だ。アイドルを見る目を見直すことで、ジャンル外の、また生活の中のこれまで些細だと感じていたバイアスにも気がつくことがあるかもしれない。

*

疑いを持たず、無邪気に「アイドル」を楽しみ続けることは、観客もアイドルも旧来の規範に縛り付けられているにすぎないことを意味する。本書では、アイドルとそれを取り巻く世界を概観し、捉え直しを試みることで、アイドルに限らず音楽産業、エンターテインメント産業、さらに様々な表象文化の中に埋め込まれたままになっているジェンダーを含む、人々に課された社会的役割や規範、コードについて再考することを目指したい。つまりここで語られることは、アイドルに限らず、人の手によって創り出され、提供されてきたすべてのコンテンツへの問い直しとしても捉えられるであろう。

これからも好きなものを好きでいるために、その一歩として内包されたコードを解きほぐしてみよう。

なお、本書で「女性アイドル」、「男性アイドル」と表記するのは、各パフォーマー個人について出生時に割り当てられた性別を基準にそれぞれジャンル分けされている様が日本国内では顕著であり、特に複数のアーティストが出演する対バンライブやフェスと呼ばれる形式の音楽イベントや、音楽ソフト販売店では両者が区別されていることに準ずるものである。

ただし、「アイドル」と呼ばれるアーティストについて、性別で区別することはせず、包括的に「アイドル」という文化実践に向き合っていきたい。それは、現在のようなジャンル分けも時代ごとに変化があり、必ずしも普遍的ではないからだ。また、ジャンル分けがなされていても「アイドル」という符号に基づいて課されるコードは性別を問わず横断的なものであるからである。話題に偏り(かたよ)も発生するが、「男性アイドル」に顕著な例、また「女性アイドル」に顕著な例は、社会的な性差に基づいて違いが出やすい。なぜ違いがあるのか、という疑問を頭に留め置きながら、性別によるジャンル分けを超えて通底する、「アイドル」に不可分な課題としてのコードに迫っていきたい。また各アーティストのジェンダーを決めることなく、基本的には「彼ら」という表現を使用する。

本書で扱う「アイドル」は多岐にわたる。なるべく「アイドル」のジャンルや規模、ルーツは限定せず、「アイドル」という言葉によって結ばれる大きな文化全体に注目するためである。知らないアイドルの名前を見たら、ぜひ、まずは公式サイト、SNSや動画配信サイトなどを通じて彼らの実践に直接触れてほしい。文字だけでは伝えることができない、姿や音楽、立ち振る舞いから、彼らのメッセージやそのエッセンスを感じ取ることは、より理解を助けることになる。もちろん事例はごく一部であり、選定には些か(いささ)の偏りが生じることもご承知おきいただきたい。その分、ではこのアイドルの実践はどうだろうか、と考える余白、未来として捉え、各読者の手で議論を続けていただければ幸いである。

アイドルを好むも好まざるも問わない。二〇二三年の日本に現存し、また変化の様相を孕むアイドル・コードについて追究していこう。

本書において、旧ジャニーズ事務所に関連する内容は基本的に二〇二三年九月の時点での名称や、所属をもとに記述する。またこれに限らず、取り上げる各事例の芸名やグループ名、所属事務所なども同様に扱い、解散や引退、名称変更、活動休止などの予定を勘案しての脚注などは特に付けていない。

Code
# 0

# アイドルというメディア
## ——虚像とリアルのはざま

## 脳科学者の嘆きと「キングオブ学芸会」

二〇二三年五月、ジャニーズ事務所の前社長である故ジャニー喜多川によるとされる、性加害の問題について、さまざまな声が飛び交うなか、脳科学者の茂木健一郎は短文投稿プラットフォームTwitter（現・X）で以下のような投稿を行った。

ジャニーズ事務所の問題は、ジャニーさんのこともそうだけど、歌も踊りもへたくそな若い男の子たちの学芸会のパフォーマンスを、「スター」というキャラ設定で垂れ流しして、番組のMCや大河の主役に起用して、日本のエンタメのレベルを落としてきたことへの検証こそメディアはやってほしい。(https://twitter.com/kenichiromogi/status/1656785537288785920：二〇二三年五月一二日の投稿)

性暴力は決して許されざるものであるが、広く言えば芸能に関連する業界に漫然と蔓延ってきた権力者によるハラスメントは、同事務所に限って起こっているのではない、はずだ。それらひとつひとつの被害への対応が求められるのはもちろん、「日本のエンタメ」全体へと目をむけるべき問題でもある。

ただ、件の投稿は、焦点を「アイドル」のパフォーマンス論へとずらしつつ、「学芸会」と揶揄することで〝低レベル〟な（と読み取れる）歌唱やダンス、そして演技、トーク能力などを批判していると感じられる内容となっていた。茂木は、海外のミュージシャンを例に挙げて、彼らが「自分のインディビジュアリティ」を表現しているという点で比較し、「ジャニーズの文化は全くダメだな」と語り、「日本のアイドル文化」について、その「個性」のなさから「偽物」と評した。[1]

これに対しては、大きく分けてふたつの反応が見られたように思う。第一に、賛同する声。つまり、「よくぞ言ってくれた」として同様の意見をかねてから持っていた、という声だ。彼らの、つまりジャニーズ事務所に所属するタレントによる各種のパフォーマンスは、プロフェッショナルとは言い難く、日本の芸能界における基準を落としている、というような趣旨のリアクションである。これについて茂木は、自身の周囲ではかねてからこのような趣旨のことが度々話題に上がっていたとも、音声プラットフォーム・voicy「もぎけんの脳ラジオ」などを通して連続して語っている。日本では「学芸会」レベルのタレントがマス・メディアにおいて「スター」として「重用」されており、ほかのパフォーマーの出演機会を奪っている、と訴えるのだ。

一方で、否定する声も少なくなかった。複数の立場からの反対意見が出ていたが、そのうち目立っていたのは、茂木がかつて、ジャニーズのタレントの仕事に対して「すばらしい」とコメントしていたことを示す、いわばダブルスタンダード的な振る舞いを指摘する内容、そして、そもそも本当に彼らのパフォーマンスが「学芸会」レベルであるのか、と茂木の投稿そのものに疑義を呈する反応であった。特に近年のジャニーズのタレントについては、茂木が引き合いに出すような海外のエンターテインメントを土壌にダンスパフォーマンスが賞賛されるなどの事例もあり、決して「スター」とされているからという理由のみによらず、彼らの実力や能力ゆえに起用されているのではないか、と疑問を投げかける人もあった。

確かに特にこの数年、「アイドル」と名指される人々についてそのパフォーマンス能力を軸に批評する向きは強いように感じる。例えば「スキルメン」（歌唱やダンスの能力が高いとされるメンバーを指す語）という言葉がファンの間で使われているように、スキルに焦点が当たりやすくなっているとは言えるであろう（スキルのある／なしが二元化しているとも言えるのだが）。

また、演技や楽器演奏、アクション、トークや執筆などの分野で高い評価を受け、注目される人もいる。

アイドルのパフォーマンスを技術的に高く評価する立場からは「学芸会」という位置付けにまず違和感があるだろう。一方で「学芸会」はアイドルを揶揄する言葉として定番であり、ネガティブではあるものの代名詞のようにもなっている。例えば、私立恵比寿中学（略称は「エビ中」）は活動初期には「キングオブ学芸会」を自称し、現在も出演するライブイベントの呼称を「学芸会」としている。それは「永遠に中学生」というグループのコンセプトに由来するものでもあるが、当時のパフォーマンスについて実力のなさを逆手に取って売りにしていた名残である。名残と言えるように、既に「キングオブ学芸会」と名乗る頻度は少なくなり、むしろ「実力派」として語られる立場にある。[2]「学芸会」というアイドルのステージに対するある種定番の揶揄を積極的に採用するような例もある中で、茂木の一連のコメントから連想されるアイドル像（業界の構造ではなく）は受け取り手によっては前時代的と感じられ、「いつの時代のアイドルの話をしているんですか」というようなリプライも散見された。

## アイドルを語るときに付きまとうもの

しかし、ここで注目したいのは実際にアイドルのパフォーマンスが「学芸会」なのか、それが日本の芸能界の構造に何らかの影響を及ぼしているのか、ということではない。もちろん茂木の発言そのものの是非でもない。見直したいのは、この話題について多くの人が、「アイドル」について率直に語り、意見を述べる、その有様(ありよう)についてである。茂木はアイドルとして芸能活動を行なう主体ではなく、直接的にアイドルと協働する立場でもない。よってリプライには、アイドルに好意的なコメントもあれば、そうでないものも多数集まっていた。もちろんアイドルブームと呼ばれて久しい近年の活況も要因ではあろうが、「アイドル」に特別な関心を持つか、持たざるかを問わず、特に日本をルーツに日本語を母語として育ってきた人々は、「アイドル」と聞いて何らかのイメージを思い浮かべることができ、それについて何らかの語る言葉を持っているからなのではないだろうかと考えさせられる。

ポピュラー文化を中心に批評を手がけている香月孝史は、かつて、日本のアイドルのわかりにくさとふれやすさに言及し、以下のように指摘した。

アイドルというジャンルはハイコンテクストな、あるいはごく一部の受容層だけに支えられるジャンルとして社会的認知を受けているが、同時に「アイドル」という言葉自体は、社会全般にその定義がある程度了解されたものとして、つまり専門知識が不要な、ポピュラーなイメージを託せるものとしても認知されているということだ。（香月 2014: 25）

誰でも語ることが可能であるがゆえに、「アイドル」という言葉の複雑さに気付くことなく、粗雑（ざつ）に議論の対象にあげられるとも言える。そこでは、「学芸会」レベルのアイドル像も、スキルフルなアイドル像も絡まり合ったまま共存する。そのような背景があるからこそ「キングオブ学芸会」という言葉が成立するのである。それは香月の論にもあるように、アイドル文化に特に親しみのない評者が特定のアイドルを評するときに「アイドルらしからぬ」という言葉をしばしば用いるように、自身がアイドルと聞いて想定する「型」と比較する手つきにも明らかである。その語りやすさは親しみやすさとも表裏一体であり、語る対象として身近であるあまり、好むも好まざるも受け入れてきたのだろう。

＊

ここまでみてきたようにアイドルを語る者たちの間で立場や意見が割れる一方で、その言葉の背後に共有されるイメージは一旦、茂木の投稿や〝エビ中〟が生み出したキャッチフレーズを飲み込むような共通理解へと収斂していることにも気づく。つまり、「学芸会」言説を否定する立場にあっても、歌や踊りをパフォーマンスの本分とするも、歌も踊りもプロフェッショナルと言えるレベルに秀でているわけではなく、しかし「スター」として扱われ、その道のプロフェッショナルがその陰に追いやられる、というようなアイドルの在り方を前提に置いているのだ。その上で、アイドルを語る者たちは「でも今は…」、「でも誰々は…」と話を続ける。

香月は『乃木坂46のドラマトゥルギー』の中で、議論の出発点として「アイドルという職能の理解されにくさ」の背景にアイドルを「一人前」と見なさない社会のまなざしを挙げている。音楽や演技などの専従者ではなく「さまざまなジャンルへと越境しながらそのつど自らの役割を探り当て、順応し続けるアイドルの営みは、しばしば「一人前」と見なされにくい」(香月 2020: 15)。また、テレビと戦後日本社会を研究する太田省一はジャニーズを「文化」として捉え概観する上で、「歌って踊る美少年集団」を「最大公約数的なイメージ」としつつ、演技、キャスター、文筆などジャンルを越境したタレントたちの活動について「こうした〝どこをみてもジャニーズ〟状態に「ごり押し」という揶揄も聞こえてこないわけではない。そういう人たちからみれば、専門の俳優、司会者、ジャーナリストでもないのにジャニーズが出演するのは、実力以外の何かの力が働いているという感覚なのだろう」として、揶揄する視線もある程度一般に共有されている様を指摘している(太田 2016)。これらは一種のステレオタイプとして、アイドルに付きまとうと同時に、アイドルを語る人たちにネガティブな側面として共有されている。

「アイドル」と聞いてその存在について議論を交わすとき、特定のアイドルの話をしているようでも個々人が思い浮かべる人はバラバラで、にもかかわらずなんとなく、ぼんやりと、アイドルといえば「学芸会」や「一人前」でない、ひとつの技能に特化した専門家でないというイメージを共有している。だからこそこちらも専門家でなくとも語りやすい、そのように認識されているとも言えるだろう。このどこかネガティブなアイドル像は一体どこから来るのか。

## アイドルとテレビ

アイドルは約五〇年前、テレビの世界から誕生した。メディア文化や音楽社会学を専門とする小川博司によれば、一九六〇年代から七〇年代にかけて憧（あこが）れの存在としての垂直的関係（タテ）にあった映画スターから、水平的関係（ヨコ）にある親しみやすいアイドルへと、観客のまなざす対象が徐々にシフトしていったという（小川 1993: 77-82）。スターが登場する映画からアイドルが登場するテレビへとメディアが移り変わるに従って、アイドルという言葉の持つイメージや意味が変化した時期が六〇年代から七〇年代にあったと考えられている（上岡 2021: 136-138）。

作詞家の阿久悠は、オーディション番組「スター誕生」（日本テレビ、一九七一年放送開始）を立ち上げようと奔走（ほんそう）していた時代を振り返る中で、テレビというメディアとエンターテインメントの食い合わせの悪さについて考えていたという。既に「テレビの時代」にあったものの、テレビというメディアに適したタレントはまだ産み出されていなかった。レコードや映画、劇場などの非日常性は根強く、タレントに対する一定の距離感がエンターテインメントを成立させていた時代にあって、テレビという日常の中に登場するメディアに対して、エンターテインメントを楽しむ人々にとっては不自然さや違和感があったという。

> テレビの時代の、テレビの感性における歌や歌手やタレントの必要性は切実で、それは、茶の間の空気の中で、ごく自然に振舞える個性であった。（阿久 2007: 28）

「茶の間の空気の中で、ごく自然に振舞える個性」とは何だろうか。「スター誕生」における選考基準について「できるだけ下手を選びましょう」と阿久が言ったことはさまざまなテキストで度々引用されているが、それはテレビという日常に合う何かを探る中での言葉であり、実際には「上手い」出場者も数多く合格させている。その真意は「いわゆる上手そうに思える完成品より、未熟でも、何か感じるところのある」人を選びたいという思惑であった。同番組を含め、この頃のテレビ番組からのちに「アイドル」と呼ばれる出演者が生まれ、現在まで続くアイドル文化の礎（いしずえ）となっているわけである。そして、ここで「アイドル」に託されている日常性は、テレビというメディアの特性に紐づいていることがわかる。

＊

もはや「テレビの時代」も遥か昔の二〇二〇年代、アイドルの活動の場もテレビというメディアに限らないどころか、若者がテレビから離れているとも指摘される時代にあるが、親しみやすさや日常性を出発点とするアイドルのイメージはいまだ有効だ。この親しみやすさが語りやすさに直結すると言ってもいいだろう。

もちろんそれは既にテレビというメディアとは無関係にアイドルに紐づいている。まず、そもそもテレビに対する視聴者のまなざしは、五〇年の時を経ていまや全く違うものとなっているはずだ。現代の「若者のテレビ離れ」について、『「テレビは見ない」というけれど』（青弓社編集部編）では、「十代と二十代を中心にテレビを積極的に（あるいは長時間）視聴しない傾向が増加している」としながら、実は七〇年代（まさに「テレビの時代」！）から「テレビ離れ」

という言葉は使われているものの、「多様な映像コンテンツを個々人がスマートフォンやタブレットで選択できる環境が整っている」時代に我々は「テレビ離れ」のリアリティを感じているという（青弓社編集部 2021）。さまざまな動画配信サービスが普及しており、テレビ以外の映像メディアの中にかつての劇場や映画が日常的に存在する時代にあって、五〇年前と今とではテレビに対する感覚はまるで異なるであろう。それでも、テレビというメディアが抱える特性をいまだにアイドルが引き受けているように感じるほど、テレビとアイドルの関係は根深いのではないか。実際にテレビに出ているか否かを問わず、アイドルの日常性はテレビ的であり、その日常性はインターネットを経由し、SNSおよびYouTubeなどの動画配信サイトを通じて観客の身近にある。メディアを介さず、コンサートをはじめとするライブイベントなどの現場でアイドルを楽しむことも、特に首都圏や都市などでは、「テレビ」よりも身近で気軽になっているかもしれない。

ここでメディア論を展開することは本章の、また本書の趣旨とは異なるのだが、確認しておきたいのは「アイドル」という文化、現象、産業はテレビというメディアに適応する形で展開、または誕生したとも言える、メディアの特性を活かした存在であるということだ。そのテレビ的な距離感は、テレビから離れてもなお、アイドルの語りやすさに象徴されるように「アイドル」というワードや文化現象と分かち難く結びついている。

そして現代においては、もはやアイドルそのものがメディアとして、身近な距離感で日常的に情報を発信する手段になっているのではないか。アイドルというメディアによってそのパフォーマンスや音楽、語りなどに親近感や親しみやすさが付与され、観客や視聴者にとって受け取りやすく、また受け取ることを拒否することも容易(たやす)いものになっているだろう。

## アイドルが見せるもの

社会心理学やメディア文化論を専門とする稲増龍夫は、一九七〇年代から八〇年代のアイドルをめぐるメディア文化現象において、時代やアーティストによって差異はあるものの、アイドルは観客を集める商品でありながら、アイドルを「メディアが作った虚構」と割り切り、その構造をもメタ的に楽しむクールな観客のまなざしを説いた。旧来の映画文化における「スターシステム」と比較して「アイドルシステム」と名付けられたこの構図は、まさしくテレビによって生み出されていることを稲増は指摘している（稲増 1989）。特にテレビを介して受け取る「虚像」としてのアイドルが求められる時代にあっては、「実像」の部分はやや軽んじられる傾向があったという。

現代ではテレビというメディアから時には離れ、アイドルは観客の眼前で「実像」＝「リアル」を見せる存在へと変容の一途を辿っている。ＳＮＳを通じたプロモーションはごく当たり前になり、編集の手が加わっていないかのような（実際加わっていない水準のものもあるだろう）アイドル自身の発する生っぽい声を誰もが受け取れるようになっている。そこではオンステージのみならず、バックステージの姿、特に過酷な練習や綿密な打ち合わせを重ねる姿も見ることができる。インターネットおよびＳＮＳには、テレビとは異なるメディアの特性にフィットするアイドルの姿を映し出すことが可能になり、またＤＶＤやBlu-rayなどの音楽ソフトや動画配信サイトにも、テレビ番組と比べてより自由度の高い内容を収録することが可能になった。

さらにライブやイベント、パフォーマンスを観に行くことは、多くのアイドルファンにとって「テレビの時代」よりも経験しやすい行為のひとつになった。開催情報を入手しやすくなったほか、開催頻度も上がり、交通機関など移動手段の選択肢も増加したことで、ファンの活動環境が変化したことは自明であろう。ライブイベントでは、アイドルの姿を目の当たりにすることによって、また時に目を合わせたり、ジェスチャーや会話、握手など身体への接触を通じて、アイドルの存在とパーソナリティーに直接触れる感覚を得ることができる。つまりアイドルが「虚像」として映し出されているとしても、その姿は限りなく「実像」に近い方へと変化していっていると言えるのだ。

＊

そうした見せ方の傾向に合わせてか、テレビなどのオールドメディアでもより素顔らしきものを視聴者に提供しようとする方向へと切り替わっているように見える番組も増えてきた。例えばジャニーズであれば「エンターテインメントのバックステージを放送する連続ドキュメンタリー番組」である「RIDE ON TIME」（フジテレビ、二〇一八年〜）で数多くのグループが特集を組まれ、また、ドキュメンタリー番組「プロフェッショナル 仕事の流儀」（NHK総合）で二〇一一年一〇月一〇日に放映された「SMAPスペシャル」はファンを中心にではあるだろうが反響が大きかったという。

また、CS放送、そして映画などファン向けのコンテンツとしてはドキュメンタリーブームと言って差し支えないほど、多くの番組、作品が放映、公開されている。二〇二二年公開の映画『ももいろクローバーZ〜アイドルの向こう側〜〈特別上映版〉』（酒井祐輔監督）では、アイドルと年齢、結婚といった「虚像」であることに疑問を呈するテーマも含まれており、ドキュメンタリーとしてバックステージを見せるのみならず、さらに踏み込んで観客に考えることを促す側面を持っていた。こうしたアイドルドキュメンタリーの見せ方は近年のひとつの特徴とも言える。

また、『DOCUMENTARY of AKB48』シリーズ（二〇一一、二〇一二、二〇一三、二〇一四、二〇一六年）などについて、香月孝史は「ドキュメンタリー映画の製作は、アイドルグループを受容するとはいかなることであるのか、ポジティブさもネガティブさも含み込んで問い直す契機」として、その両義的なメッセージ性を読み取っている。

こうした奥行きをもつドキュメンタリー映画群は、必ずしも全方位にわたって受け手を心地よくさせるわけではない。しばしばその手触りはうしろめたく、ときに熱狂に水を差し、あるいは観る者の居心地を悪くさせる。しかし、その居心地の悪さへの対峙はおそらく、アイドルというカルチャーを享受するうえで忘れてはならないものだろう。（香月 2020）

よりリアルなアイドルの姿は、そのパーソナリティーにより迫ることで楽しさを提供するのみならず、アイドル文化の抱える苦しさも浮き彫りにする。そして、その苦しさを強いているのはほかならぬ観客としての自分である、という葛藤をファンに投げかける。もちろんその見せ方は編集されたものであり、意図的に投げかけられる葛藤であるとも言えるが、虚像の裏表として提示されるリアルには、冷ややかなまなざしを向けて一歩引くよりも、見る側の立場でコミットするような没入が求められる。

## アイドルをまなざすお茶の間

「スター誕生!」とは異なる番組構成となってきてはいるが、オーディション番組はアイドルを輩出するテレビ番組のひとつとして二〇二三年現在でも注目度が高い。選出の様子は、いまやテレビを通じてのみ提供されるものではなく、インターネット放送はもちろん、ストリーミング配信なども含めてオンラインで、またオンライン限定で公開されるという形でも、公開されることが珍しくなくなった。「スター誕生!」のように当時の「テレビ」にあわせて生み出されたエンターテインメントは、メディアの変化とともに形を変え、見せる内容も「テレビ向き」にはおさまらない、より日常に食い込みながら非日常を演出するような方向へ転換してきた。それは二四時間を超える連続での配信や時間や地域を問わず視聴できる環境、リアルタイムでコメントを送ることができ、それに対して反応が得られるといったような双方向性が実現されていることなどに象徴される、視聴環境の変化に明らかである。

しかし、メディア環境の変化とともに、アイドルの見せ方が変わってきた一方で、「アイドル」という名で呼ばれる歌手やタレントに託されるメディアイメージはあまり変化していない。その根底には、七〇年代のテレビにあった日常性がアイドルの親しみやすさと結びついていたことに由来する親近感と、それによって醸成(じょうせい)されてきた語りやすさがあるだろう。

繰り返しになるが、そうした状況に伴って、アイドルを取り巻く変化は文脈によって時に強調され、時に無視されるといった都合の良い扱いを受けている。まさしく茂木による一連の発信からは、二律背反的な現代のアイドルの側面が浮き彫りになっていた。だが、確かに茂木が指摘するような「学芸会」が手放しでもてはやされているというイメージは、なかなかその牙城(がじょう)を崩さない。それは、アイドルに対するステレオタイプがメディアと人々の語りの中で再生産されているからではないだろうか。

＊

アイドルに託されるステレオタイプのひとつに「未熟さ」がある。「学芸会」というイメージをある程度の人がすぐ理解できるように、アイドルの特徴として比較的に容易に浮かび上がる「未熟」というキーワードは、どのような水準で理解しうるのか。茂木の投稿への反応にあったように、アイドルの見せ方や演出は既に変化しつつあり、阿久悠が「下手を選びましょう」と言った時代のようなアイドル像を必ずしもすべての人が共有しているわけではない。そうした視点から見ると、アイドルに内包された「未熟さ」というキーワードは、ある程度形骸化しつつあるとも感じられる。

しかし、アイドルの魅力や特徴を「未熟さ」と結びつける議論は続き、茂木の投稿に賛同する人の中には今も「下手」であることと結びついたアイドルのイメージが保たれている。テレビというメディアの中だけに限らないアイドルの姿は、テレビを通してある程度一般的に広く共有されていた時代と異なり、視聴者が主体的にSNSやライブなどを通じて情報を得なければ活躍が可視化されない、というのは一因だろう。テレビから離れていることでテレビの時代のイメージが温存され、テレビ的な存在のまま、アイドルのイメージが受け継がれていく。

日本のポピュラー音楽を研究している周東美材は『「未熟さ」の系譜』の中で日本のポピュラー音楽は、メディアの変化といった〈変わりやすいもの〉がある一方で家族や子どもを聖なるものと捉える価値意識が〈変わりにくいもの〉として根付いているために、メディア環境の変化があっても「未熟さ」が繰り返し求められてきたと論じている。そして、お茶の間での一家団欒（だんらん）の中心にあったテレビから生み出された等身大のジャニーズやアイドルという存在は「未熟さ」を纏うからこそ、家庭の中でも受け入れられていたと周東は七〇年代までの日本のポピュラー音楽を概観する（周東 2022）。

家族や子どもとアイドルの距離は、当時とは異なっているものの、今も当時のイメージが保たれているのは、そもそもアイドルと「未熟さ」を結びつける議論そのものが既に〈変わりにくく〉なっているためとも言えるかもしれない。実際にアイドルのパフォーマンスが成熟しているか否かは問題ではなく、お茶の間が「未熟さ」を求める図式を温存することによって、

「未熟」であることが前提とされるのだろう。

　アイドルの活躍の場が広がったことで、アイドルになる、という選択肢も身近になり、これまでより多くの人がアイドルになる道を選べるようになった。それと同時に商業的な成功を目指すための競争も激しくなり、自然とパフォーマンス技術の水準が上がっている可能性はある。しかし、同時に元地下アイドルでライターの姫乃たまが「極端な話のようですが大袈裟でなく、人前でライブをして地下アイドルを自称すれば、本当に地下アイドルになれてしまいます」（姫乃 2017: 75）と語るように、「スター誕生！」のような審査員のジャッジを経（へ）ることなく、ステージに立てる環境があることも確かである。アイドルとしてステージなどで歌うためのカラオケ音源を入手することや、衣装を用意すること、その他ステージに立つために必要な情報を集めることは特に九〇年代以降、格段に易しくなっていった。そういう意味では、パフォーマンス技術は玉石混交（ぎょくせきこんこう）の状態とも言えるだろうが、そもそも誰がどのように玉か石かを判断するのか、という問題がある。それでも語りやすさによって、誰もがオーディションの審査員となり、「未熟な」アイドルたちへの点数づけを可能にする。

## これまでのアイドル、これからのアイドル

テレビというメディアの特性に結びつくアイドル像は、良くも悪くも気やすさを提供すると言えるだろう。この気やすさによって、アイドル文化の中にある課題も軽視されやすくなっている可能性がある。またメディアとしての虚構性もアイドルの持つ歪(いびつ)なバランスの問題性を和らげている。

活動の場によって見られる部分の比重も変化するが、「虚像」と「実像」の両方を提供し、アイドルではない「普通の女の子」、「普通の男の子」と見られる瞬間をも商品として共有されるのが二〇二〇年代のアイドルであろう。同時にテレビは今も「虚像」の時代のアイドルを繰り返し映し出し、過去の巨人の陰でアイドルの不文律は変わることはない。そのためアイドルというメディアは強固にステレオタイプ的なイメージを再生産し続け、受け手としてのファン、送り手としてのアイドルやクリエイターという境界を跨(また)いで、アイドルというパフォーマンスを知るすべての人々のうちに内面化してきたのだろう。アイドルによって提供される虚構を割り切って楽しむ「アイドルシステム」は健在であり、リアルすらも「虚構」として読み替えられる側面を強化しているかもしれない。限りなく実像に近い虚像を提示することにアイドルらしさが見出されているだろうか。

同タイトルのマンガ作品（赤坂アカ・原作、横槍メンゴ・作画、集英社）を原作とするアニメ『【推しの子】』（TOKYO MX、二〇二三年四月放映開始）のオープニングテーマ「アイドル」（YOASOBI、Ayase・作詞作曲）は、発表以降大きな注目を集めている。その歌詞に読み取れる「アイドル」の「嘘」は、二〇二三年にもアイドルと虚像の結びつきが聴衆の中で強いことによって成立していると言える。同曲の元になった赤坂アカによる書き下ろし小説『４５１０』は、テレビではなく、インターネットの時代、画面の向こうにリアルタイムで存在しながら嘘も本音も混在するような話し方でファンの前に現れるアイドルの姿を描いている。歌詞の中に繰り返される「嘘」や本心を明かさない「アイドル」の姿は、嘘を演じることで「完璧」になる。逆にいえば、本心は弱さに繋（つな）がり、「嘘」によって「未熟さ」を覆い隠すようなアイドルのイメージも描き出されているかのようだ。虚像とリアルのはざまでアイドルはいかに生きているのか、そして、生きるべきかを投げかけられているようにも感じる。

*

メディア環境は変わりゆくものの、アイドルをアイドルたらしめる暗黙のルールや社会的規範は変わることなく、「アイドル」という四文字だけで繋がれた文化は歪な状態を保っている。アイドルをよく知る人、その文化を愛好する人、生業（なりわい）とする人のみならず、そうではない人、むしろ敬遠（けいえん）する人、関心のない人にも共有されるアイドルのステレオタイプ的なイメージがアイドルという総体を作り上げているとも言えるかもしれない。

一方で、アイドル世界の外側では、他者を軽んじたり、偏見の目を向けたり、カテゴリー化された社会属性を疑うことを後押しするような問題提起が日々なされている。その目線でいえば、アイドルへの見方も変化していくことが期待されるが、まだまだその歩みはゆっくりだ。何事もオンラインへと移行していく社会で、誰もが虚構とリアルのはざまに生きていると言える。テレビらしさを脱却した、アイドルというメディアは、アイドルに限らず幅広い視点で価値観の変化を促していくのかもしれない。

注

（1）茂木のそのほかの発言は以下のとおり。voicy「ジャニーズについてのツイートの真意。機関車トーマスで大人もよろこぶ。アレクサ、ハッピーな気分にして」https://voicy.jp/channel/1136/527495（二〇二三年五月一三日公開）（最終アクセス二〇二三年六月一六日）。Twitter（現・X）「これ、補足した方がいいと思うんだけど、歌でも踊りでも演技でも、ほんとうに卓越した人は、そこに紛れもない「個性」があると思う。／日本のアイドル文化は、なにかに寄せていっっているから、結局偽物にしかならない。／残念。」https://twitter.com/kenichiromogi/status/1656822551241461761（二〇二三年五月一二日の投稿）

（2）「「キングオブ学芸会」という活動初期のキャッチコピーからも明らかなように、ある種の拙さや未完成な部分も含めてグループの魅力であるというところからスタートしたエビ中ではあったが、キャリアを重ねるごとに彼女たちのパフォーマンスは進化を遂げ、今ではすっかり実力派アイドルグループという地位を獲得するまでになった。」「佐々木敦&南波一海の「聴くなら聞かねば！」9回目 前編 エビ中はいかにして変わることができたのか？──私立恵比寿中学・柏木ひなた&小林歌穂、えみこ先生とアイドルの歌唱を考える」『音楽ナタリー』二〇二二年三月三一日 https://natalie.mu/music/column/471095（最終アクセス二〇二三年九月五日）

Code

# 1

## 疑似恋愛と「推す」ということ

——恋人としてのアイドル

## アイドルは恋人？

アイドルを理想の恋人としてまなざすことや、アイドルの恋愛を御法度として殊更スキャンダラスに扱うことなど、アイドルを取り巻く文化は、長らく恋愛や性愛的要素と強く結びついていることを指摘されてきた。それは前章で言及したアイドルの虚構性とも関わりの深い議論である。そうした指摘においては、度々「疑似恋愛」という言葉が用いられ、観客、聴衆にとってアイドルである歌手は「虚構」の中の恋人として想定されてきた。ファンはアイドルに対して、決して実ることのない恋愛感情を抱き、よってアイドルが歌う楽曲の多くも恋愛的要素を含むと考えられ、聴衆の感情に訴えかけるような歌詞がアイドルとファンとの間に特別な関係性を醸成させているとさまざまな論者によって論じられてきた[1]（稲増 1999; 濱野 2012 など。またメディア史やポピュラーカルチャー研究を専攻している田島悠来は一連の疑似恋愛のフレームを用いた議論とその変化、「ゆらぎ」について論じている（田島2022）。

しかし、実際にはファンそれぞれが好きなアイドルをどのような想いで応援しているのかを他者が正確に知ることはできない。それどころか、ファン本人がその想いを言語化することも難しいことさえある。ファンにとってのアイドルとは、友人や家族、恋人、知人など既存の人間関係を端的に言い表す言葉が何も適さず、そのどれにも似た親しみや、親愛の情、思慕が入り混じった感情を向けることがあるだろう。または、恋愛どころか、そうした個人的な親しみや思慕ではなく、表現者としての営みを味わう視点や、その動向を楽しむ姿勢もある。これらが複雑に絡み合っている場合もあり、観客や視聴者、消費者としての「ファン」を単にアイドルと「疑似恋愛」の渦中にある人と一括りにするのは、どうにもすわりが悪い（後述するが、同様に「推し」という言葉のみに収斂することも適当ではない）。

また、アイドルにとってのファンの存在も同様で、たんなるパフォーマーと観客という関係性から一歩踏み込み「仲間」や「家族のような存在」「親戚みたい」などのようにアイドルの側から語られる場面も度々目にする。その一方で、本書の冒頭に挙げたように「恋人」として視線を送ることもあり、どういう存在なのかをどう言語化しているかは、公に語られたり、表現される様子だけを見ても、アーティストによっても状況によっても多様である。アイドルとファンの実際の物理的な距離によってもこれらの感覚は異なるであろう。毎日のように顔を合わせ、お互いに名前も顔もわかっているような間柄と、一度もその姿を見たことはなく音楽作品などを介するだけの状態とでは、同じアイドルとファンという関係性でも相手を認識する解像度は異なる。

＊

例えば、元モーニング娘。のメンバーである後藤真希は、いわゆる〝追っかけ〟ファンについて「親切な近所の人」と言い表す。「国民的アイドル」と呼ばれていた二〇〇〇年前後、後藤は出待ちなどをするファンと言葉を交わし、顔を合わせるなかで「みんな、優しいな」と感じ、二〇二三年現在もファンクラブの会員とは「Discordアプリで会話しているんですけど、そこでも普通に友達のように会話しています」と語っている。(2) 後藤の例は、特にファンとの心的距離が近いとも言えるが、こうした距離感は商業的な成功に反比例する、つまり人気のない、有名でないアイドルほどファンと近しい、というわけでもないことがわかる。

単純に「ファン」の集合体と一方的にまなざされるアイドルの図式として描き出すよりも、実際には、より個人的で親密な関係性が築かれる場面もあり、素朴にファンとアイドルと聞いて連想されるステレオタイプ的な「疑似恋愛」関係とは異なる想いが醸成されることは度々ある。

そもそも、「友達」のように、と言い切れるかはともかくとして、アイドルとファンが直接言葉を交わす機会は、それほど珍しくないだろう。もちろんファンの母数などによって、抽選で選ばれなければその時間を得ることができないなどの制約はあるが、握手会、ツーショット撮影会、サイン会、お話会などのイベントはほとんどのアイドルと呼ばれるアーティストが行なっている、または行なっていたであろうし、イベントの種類や運営環境は異なれど、一九七〇年代からそのようなイベントの存在はあったようだ。例えばソニーミュージックによるキャンディーズのディスコグラフィーサイト「Candies Forever」によれば、サイン会やファンの集い、バスツアー、みかん狩りなどが開催されている。また、そのほかのアイドルにおいても、サイン会や、握手会に参加するファンの様子などは、メディアでもその光景が度々取り上げられてきた。

また、後藤の例のように、非公式ではあるが出待ちなどをするファンも、少なからず存在する。さらに、韓国のアイドルなどを中心に、現在は空港などでの出待ちや見送りの際にファンによって撮影された写真を手軽に目にすることができる。かつての親衛隊が自主的にアイドルの護衛を行なう私的ファン組織であったことを思えば、アイドルとファンが近い距離で接する場面は、今も昔もアイドル文化につきものであり、現在その空間はオンラインにも設けられている。アイドルとの交流を好むファンばかりではないことも含めて、アイドルとファンの関係性や距離感には、非常に幅広いグラデーションがあり、素朴に疑似的な「恋人」のような存在であると断定することは難しい。

## アイドルとの距離と感情

身体的な接触を伴うアイドルとの対面やそこで生じる距離の感じ方が「疑似恋愛」に立脚するものか、また「恋愛感情」を助長するのか、ということについては、それもまたファンそれぞれによって異なる背景がある。郷ひろみの追っかけをしていたあるファンは、「同世代」的な感情で「疑似恋愛」の宛先として郷に会いに行っていたが、パフォーマンスする郷の姿を「神様」と感じたのを境に追っかけをやめたという（太田 2011: 48-49）。逆に九〇年代にアイドルの「実家」を訪れることを楽しんでいた原日出夫は、アイドルの素顔を垣間見ると同時にその「距離を確認する作業」と綴っている（icc 1998: 61-63）。言うまでもなく違法行為や付きまといなどの迷惑行為は、積極的に肯定されるものではないが、「恋愛感情」を募らせてのいきすぎた行動というよりも、事態はもっと複雑である。

日本の女性アイドルの研究家である北川昌弘は、二〇〇〇年代以降に登場したAKB48をはじめとする、実際に対面することによって相互コミュニケーションを可能にする女性アイドルは、「主にテレビを中心としたマスメディアを通じての」関係性ゆえに疑似恋愛が成立していた過去のアイドルとは性格が異なるとして（北川ほか 2013: 6-7）、「相互に一方通行」で「擬似恋愛的」であった「アイドルとファンの関係」について変化を指摘した。ここでいう相互コミュニケーションの場として、握手会や「シングル選抜総選挙」が挙げられる。「総選挙」とは、AKB48、またその海外姉妹グループで開催されてきたファン投票イベントである。「新曲を歌うときに誰がフロントに立つかという、選抜の一環にもなっている」同イベントについて、太田省一はCDつまり握手券の購入が、対象のメンバーのステップアップを応援することに直接つながっているという点から、「メンバーとファンとの間に強い連帯感」を醸成し「運命共同体」の形成へ導いていると指摘した（太田 2011: 278-279）。

また、活躍の場をテレビよりもその外にあるライブハウスや劇場に移し、ファンとの距離を物理的に近付ける「地下」アイドルについて、物語評論家であるさやわかは、ファンとの友人のような距離感を大きな特徴としている（さやわか 2015: 145-146）。マスメディア（地上）で広く知られることがなく、ファンの数が小規模にとどまることで、ある種の「共同体」が形成される。情報社会論、メディア論を専門とする濱野智史は「地下アイドルの現場は実に規模の小さい世界であり、ファンも皆顔見知りの常連ばかりで、メンバーとファンの関係もほとんど友人や家族の関係に近い」、「関係性の質だけ見ればそこは「共同体（コミュニティ）」に近い」と地下アイドル世界を評した（濱野 2013: 217）[3]。

しかし、同時期に濱野は、ＡＫＢ48はファンと「近接」していることが特徴であり、「疑似恋愛としてのＡＫＢ48」を「近接性」の視点から説いている。「実際にそのメンバーと恋愛関係に落ちることはほぼ一〇〇パーセント不可能だし、まして結婚することも子供をつくることもできない」からこそ、どんなにアイドルとファンの距離が近くなってもその関係は「疑似恋愛」に過ぎない。恋愛関係が実現する可能性の低さから「「不可能な愛」「永遠の愛」といったロマンチッククラブの理念に限りなく近い経験を得ることができる」システムが成立していると濱野は説く（濱野 2012: 138-143）。「親切な近所の人」であっても恋愛感情を抱くことはあるし、仲間的な「共同体」のうちに恋愛関係が醸成されることはあるが、アイドルの場合、そうした関係性の構築が基本的にはほとんど成立しえない、という意味において「疑似恋愛」に収まるということが言えるだろうか。

＊

繰り返しになるが、そもそもファンがアイドルに抱く感情は恋愛感情のみに収斂（しゅうれん）されるものではない。それは個人によって異なる非常に個人的な感情の連続体である。にもかかわらず、ステレオタイプ的にファンとしてのスタンダードな感情の第一に「恋愛感情」が置かれやすく、二〇二〇年代になってもアイドルが好きだということはアイドルに恋をしている、それも擬似的に、と捉えられやすい。

しかし、こうした恋愛のような「極私的な関係性」には「テレビという場」、つまりかつてアイドルを「虚構」の中に見る場として機能していたマスメディアは、本質的に必要とされないのだと太田は指摘する。それまでテレビの中にあったアイドルを成立させてきた虚像への批判的な「〝文法〟」は変化しつつあるものの、ノスタルジーを求めるメディアには理解が難しい（太田 2011: 280-282）。「テレビが培ってきたアイドル文化」は、アイドルとファンの相互性など必要とせず、アイドルを批評しないファンダムを理解しない。テレビにとってはアイドルは「ノスタルジックな懐古の対象」であり、今のアイドルを理解しようとすると、熱心なファンを面白おかしく取り上げるといった趣向になってしまう。結果としてアイドルとファンの間に紡がれるさまざまな感情はメディアを通じて再度「擬似恋愛」へと読み替えられていく（上岡 2022）。

この「恋愛感情」は「異性愛」に限られていることにも注目したい。かつて、筆者はアイドルの背景にある強制的異性愛を指摘した（上岡 2022）。アメリカの詩人、アドリエンヌ・リッチ（Rich Adrienne）の「強制的異性愛とレズビアン存在」に由来する「強制的異性愛」

(Compulsory heterosexuality)を参照し、同様の制度がアイドル文化にも内包されていると考えた。「強制的異性愛」とは、異性愛を「正常」であり「先天的」なセクシュアリティとする、異性愛主義が強制的であることを指摘する概念である。「一つの制度としての異性愛」は吟味されるべきであるとリッチは強く批判しているのだが(Rich 1986=1989: 86)、アイドルの場合、女性らしさや男性らしさを強調する衣装や台詞で、性的な魅力を表現することが特徴的な手法となっており、そうしたヘテロセクシュアルな演出に後押しされてなかなか「吟味」されることはない。

そこには「同性」のファンに奇異のまなざしが向けられ続けてきたという別の問題もある。香月孝史は、乃木坂46の女性ファンに対するメディアの扱いに言及し、彼女らを異端とする異性愛主義の存在を指摘している。「「アイドルは異性がファンになるもの」という観念は、アイドルというジャンル全体を性愛的な思慕のみに還元する発想を源にしている」(香月 2020: 124)。当たり前のようにアイドルに対してファンは異性であると想定され、ファンからアイドルに向けられる視線は異性愛としての恋愛感情に固定されると、アイドルに対して「同性」である、「同性」として認識される、ということは単にマイノリティであることを意味するのではなく、想定外で理解しがたい客にもなり、またファンのセクシュアリティを探るような視線も不躾に注がれることになる。

## 「推し」というカウンター

一方で、近年非常に一般的な語彙として普及している「推し」という言葉は、「疑似恋愛」的なまなざしを一旦無効化するような色を持っている。「恋愛感情」を滲(にじ)ませるととられるような「好き」という言葉ではなく、「推す」という言葉を用いることによって推す対象を「恋人」として見るのではなく、あくまでも「推す」対象であって、恋人とは一線を画すのだと主張するように感じられる。とはいえ、「推し」もまたどういう意味を持つ言葉なのかはっきりとしないまま、「推し活」文化だけがアイドルのみならず、あらゆる方向に拡散されている。

筆者の個人的な記憶では、二〇〇〇年頃、モーニング娘。とハロー！プロジェクトのファンの間で、一番「好き」なメンバーを「一推し」、二番目に好きなメンバーを「二推し」と表現していた様子が「推し」という言葉との出会いであった。ハロー！プロジェクト（初期はハロー！）に限らず、ほかの女性アイドルファンの間でも使われていた可能性はあるが、その後、二〇〇五年のAKB48劇場オープンを経て、「推し」という言葉を使っていたハロー！プロジェクトのファン（もしくはそのほかのアイドルのファン）がAKB48のファンになることによって「推し」はAKB48のファンコミュニティ内でもジャーゴンとして用いられるようになる。その後、AKB48のコンテンツやプロダクトで積極的に「推し」という言葉が取り入れられたことをきっかけに、徐々に一般的に使われるようになっていった。

二〇一九年には『大辞林』第４版に採用され、「推すこと。特に、「応援していること」「ファンであること」をいう若者言葉」として定義されている。「応援」や「ファン」という表現もとらえどころはないが、「疑似恋愛」からは距離がありそうだ。となると、「推し」は、疑似恋愛の対象とは異なるのだろうか。

＊

哲学、応用倫理学、ジェンダー研究を専門とする筒井晴香の、「推す」ことについて検討する一連の議論を参照すると（筒井 2022 ほか）、「推す」という行為には「今日規範的とされる性愛のあり方からは逸脱した特徴」を見出（みいだ）すことができる、という。つまり、恋愛感情があるかのような振る舞いは必ずしも個人的な交際や婚姻関係を目指すことがなく、多くの場合一人の「推し」は複数のファンに「推されて」いて一対一の関係にない、通常の人間関係に比べて相互性に乏しい場合もあり、金銭を介して成り立つ関係性であることがほとんどであることなどがその特徴として挙げられている。前節までに見たような相互的なコミュニケーションの頻度や濃度によっては、確かに規範的な性愛を思わせる可能性があるが、それでも旧来の「恋愛」とは異なる関係性が築かれていることが筒井の議論から窺える。推すことが「恋愛／結婚／家族を人間関係のヒエラルキーの頂点に置くような、家父長制的な人間関係観に揺さぶりをかけるものになりうる」として、「恋愛・親密性のオルタナティブとしての「推し」」に筒井は論点を据えているが、それはこれまでの異性愛主義に基づく「疑似恋愛」を中心としたアイドル像の変化にも直結する。

しかし、同時に「推し」は異性愛規範から完全に逸脱しているわけではない。「推し」が異性と想定されている場面は多く、「推し」という言葉を用いることによって「推し」が同性であることへの理解し難さがやや薄れる程度の違いしか生まれていないようにも感じる。例えばSNSにはいくつもの「推し」について語るハッシュタグが溢れているのだが、「#100日後も推ししか勝たんオタクチャレンジ」には、「推しが異性と歩いているところを目撃してしまったら（34日目）」「もしも推しが同性だったら？（98日目）」という設問がある。これに対して、「どうもしない」や「そもそも同性」と前提を淡々と否定する反応は考えられるものの、この一連の投稿は不特定多数がハッシュタグを使用しながら遊ぶことを想定した上で、ある程度自然に「推し」は異性であるということが前提とされていることには注目したい。

さらに「推しへの気持ちはlike or love？（52日目）」という設問を見ると、恋愛感情を「love」、そうではない「気持ち」を「like」として、推しへの感情には複数の種類があることもまた前提にされていることがわかる。これに対しても「どちらでもない」として、回答者個々人が思いを綴ることも可能であり、設問はあくまでもオープンエンドであるが、「推し」が異性であることが多数派だとしても、その「気持ち」は性愛のみによるものでないこともまた了解されうるものとして想定されている。

そして、これは必ずしも「推し」だから、「like」の可能性があるということではなく、ファンコミュニティの中では「気持ち」が人それぞれであることも共通理解としてあるだろう。「love」がひとつのスタンダードとして設定されてはいるが、唯一の解ではない。あくまでも最大公約数として異性愛が示されているが、実際に多数派であるかはわからないのだ。

### 「ガチ恋」を考える――「擬似」ではない「恋愛」対象としてのアイドル

さらに「love」もひとつの意味しか持たない単語ではない。それは「love」を「愛」と訳してより広範に解釈するというような話ではなく、アイドルに対する恋愛感情を「擬似」的なものと捉えることへの違和感を抱える立場としての「ガチ恋」に目を向けたい。アイドルを性愛的にまなざしているという意味で「好き」だと述べた場合に、それを「擬似的」ではないと実感する恋愛感情を抱いているのだと説明しなければならない場合がある。そうした「気持ち」

を説明する時には度々「ガチ恋」、「リアコ」などの「疑似恋愛」との差異を表現する言葉が使われる（上岡 2024 刊行予定）。アイドルに抱く恋愛感情を一般的な恋愛感情と異なるものとはせず、擬似ではなく本当に恋をしているという様を表現するには、それを説明するための言葉が必要になるのである。

「ガチ恋」（ガチンコ（＝本気）で恋をしている）や「リアコ」（リアルに恋をしている）は、「疑似恋愛」を募らせた結果、アイドルはファンを好きになるわけなんてないのに本当に愛されていると勘違いしたファンなどとして、時にはストーカーや付きまといなどの犯罪行為が連想され、冷静さを欠いたファンの姿として、コミュニティの中で冷ややかな視線を向けられることもある。そもそもそうした感情は現実離れしているとして、自ら自分の思いに否定的になることもあるだろう。

また、「手が届かない」相手への恋愛感情は、しばしば間違った考え方や思い込みを生み出すとされ、実際に、アイドルなどを対象とした暴力行為や殺人未遂など非常に痛ましく憤りを感じる事件も起こっている。当然ながら、実らない片思いのすべてが犯罪行為に発展するわけではないのだが、芸能者に特別な感情を抱くファンという構図は、一様に問題視されやすく、熱狂的で非理性的であるとジャッジされる。犯罪行為は忌むべきであり、当然誰も傷つけられるべきではない。しかし、ただアイドルに恋愛感情を抱く人に対して是非を問うことは、もっともらしく見えて、特に否定する理由がないように思う。極端なことを言えば、誰が誰をどう好きか、ということは非常に私的な領域であり、その感情の揺れ動きに関して言えばもちろん自由である。しかしアイドルを「理想の恋人」と見ることを当然としながら、実際に想いをよせることは危険視されてしまう。「疑似恋愛」の対象としてのアイドルをステレオタイプとする一方で、真剣に恋愛の対象とする観客は逸脱者となる。

また、フィクション作品においても「ガチ恋」ファンの揺れ動く葛藤が示される場面は多い。例えば、平尾アウリのマンガ『推しが武道館いってくれたら死ぬ』（二〇一六年〜、徳間書店）に登場する「ガチ恋」ファンとして描かれている基は、度々ガチ恋の「正しくなさ」に思い悩んでいる。基にとって「正しい」ファンとは、見返りを期待しない主人公のえりぴよや、長く同じアイドルのファンを続けているくまさのような献身（けんしん）的な応援であり、独占欲を抱く自分のようなファンは「正しくない」のだと、自分自身を否定するのだ（第三一話）。基の目に映る世界において、「ガチ恋」はマイノリティであるだけでなく、「推し」にとって迷惑な存在として認識されている。実際に「ガチ恋」がマイノリティなのか、迷惑なファンなのか、ということはケースバイケースだろう。「ガチ恋」だから迷惑、迷惑なファンだから「ガチ恋」と、いうこともあるだろうが、あくまでもそれは個々人の問題である。しかし、「ガチ恋」を亜流とする視点はアイドルファンの中にある程度共有されているとは言えるだろう。

「疑似恋愛」はいいけど「ガチ恋」はダメ、という価値観は、「疑似恋愛」を演出することで性愛的な関心を煽(あお)りながら、実際に関心を持つことを否定するという点で歪である。また時に「ガチ恋」というジャーゴンを使うことによって、真剣な恋愛感情としての「ガチ恋」を笑い話のように提示し、真に「ガチ」かどうかを見えにくくさせることもある。もしかしたらガチの「ガチ恋」かもしれないし、そうではないかもしれない、また、それは当人にとってもその感情を整理することが困難であるということかもしれない。

さらには、実際には「ガチ恋」ではないが、対象のアイドルの恋愛や恋愛を思わせる他者との接近に対して、否定的な態度を取る、一見すると「ガチ恋」を連想させるファンの存在もある。例えば、ドラマなどで「異性」と恋人同士の役を演じる、「異性」のアイドルやダンサーと身体的に距離が近づく、などのケースだ。そうした態度は、素朴な嫉妬のみならず、恋愛はファンが応援のために注ぎ込んだ金銭や時間に対する裏切りであるという理屈や、恋愛する姿を生理的に見たくないという思いなどによるものである。ただ、こうしたアイドルに対する感情には揺らぎもあり、ある時は恋愛感情に類する熱を感じつつも、その熱がふと醒(さ)めたのを認識しながら「好き」であることを続けることもある。真剣に恋愛感情を抱いていることを自認し、その思いに向き合いながら苦しみの中にあるファンもいるが、その状況を「ガチ恋」という言葉は必ずしも言い表さず、「ガチ恋」と時に揶揄されながら孤独に困難を抱えることになる。

## 「恋愛禁止」を考える

アイドルとは観客にとって絶対的な恋愛対象である、と積極的には言い難い状況であるにもかかわらず、「疑似恋愛」という構図が守られているのは一体なぜなのか。アイドルが「異性」との接触を極力遠ざけ、「異性」の存在を見せないことは美徳ともされ、遂行するアイドルには賞賛の声が贈られる。そこに本人の意志や努力があるかどうかは実際には問われず、「異性」と離れて生きる姿がアイドルとしてのあるべき姿とされている。もちろん、意識的にそうした見せ方を徹底していると感じさせるアイドルも存在する。スキャンダルが全くない、SNSに掲載される画像やテレビ番組の中であっても「異性」に対して意図的に距離を置く（冗談めかして交際や結婚を迫る異性のタレントなどに対して「アイドルなのでごめんなさい」などのセリフで冗談めかして伝えるような場面もあるだろうか）、「ファンのみんなが恋人」というようなことを度々明言するなどの言動は「プロ意識が高い」とされる。必ずしもアイドルはファンにとって「恋人」ではなく、「恋人」になってほしいと願うファンには批判的な目すらも向けられるにもかかわらず、「恋人」としてのあり方を全うすることがただひとつの正解とされるのはなぜなのか。

この構図を下支えする「恋愛禁止」と呼ばれる慣習を、アイドルという文化の中にある人々は積極的に、もしくはあまり否定的ではなく当然と見做す。香月孝史は、アイドルに対する「恋愛禁止」ルールがそもそも曖昧であるものの、それゆえに「アイドル運営やマスメディア、そしてアイドル当人までもがその規範を内面化し、ときに進んで自罰的な振る舞いをみせるような、得異な空気のありよう」が醸成されてきたことを、これまでの議論や指摘、事例から確認している（香月 2022: 59-74）。そして、近年アイドル本人の気づきや語りなど、ジャンル内からの自省によっても「恋愛禁止」は問い直しの時代へと転換しつつあると述べる。

> アイドル自身が語り手となることで、アイドルというジャンル全体が当たり前のものとしてきた価値観について、当事者による自覚的な反省の契機も生まれている。このことは、「恋愛禁止」というそれ自体なかばトピックとしての扱いがステレオタイプ化している論点を、あらためて精緻に捉える上で見過ごしてはいけない点である。（香月 2022: 72）

恋愛はアイドルとしての仕事と両立することはないとして、「恋愛」するアイドルは仕事を軽視している、熱心さに欠ける、という理屈も「恋愛禁止」にもっともらしい意味づけをしているが、そのような恋愛至上主義的な価値観が前提にあることにも目をむける必要がある。理想の恋人としてのアイドル像は今後どの程度機能し、観客の期待に応えることができるのか。

バンドじゃないもん！MAXX NAKAYOSHIの大桃子サンライズは、二〇二三年、恋愛バラエティ番組「恋するアテンダー」（テレビ朝日・ABEMA）に出演、番組内でマッチングしたお笑いコンビ「トム・ブラウン」のみちおとの交際を報告している。大桃子は同番組のほかにも恋愛リアリティーショーへの出演経験があるが、同様に恋愛リアリティショーに出演したことがあるアイドルや、アイドルグループを卒業後に出演するケースも増えている。またアイドルと俳優のカップルを思わせる親しい様子のうかがえる振る舞いや、恋愛映画やドラマの場面について、嫌悪や拒否のみならず、憧憬（しょうけい）や享受の声も聞かれるようにもなっているが、アイドルの恋愛に対するまなざしにも、さらなるグラデーションが生まれるのだろうか。

先述の「チャレンジ」には、「推しに着てほしいコスプレ（4日目）」、「推しに歌ってほしい曲（7日目）」、「推しにされてみたいこと（26日目）」、「推しにしてほしい髪型や服装は？（32日目）」などの設問が並び、アイドルには限らないが、「推し」は期待や欲望の対象としてまなざされていることがわかる。

しかし、近年定番化するファンの推しに対する希望として「美味しいご飯をたくさん食べて、あたたかいふかふかのお布団でゆっくり寝てほしい」という内容の文字列やメッセージがあるように、欲望の対象として客体化することは好ましくなく、人間としての幸せな生活を送ってくれれば何よりである、というファンのあり方もスタンダード化しつつある。食欲、睡眠欲、性欲を人間の三大欲求として語る場合、人によって語りにくさのある性欲は後傾(こうけい)しやすいが、「推し」と性愛を切り離すような見方もここにはあるのかもしれない。

チャレンジの18日目「自分にとって推しはどんな存在？」という設問に対しては「毎日沢山の楽しみをくれるし、色んなことのモチベを上げてくれる存在」、「生きる理由」、「命の恩人」、「かっこよくて大好きでいないと生きられない存在」、「毎日楽しみだな〜って考える存在」、「生きがい」などの回答が並んでいた。ここで想定されている「推し」はアイドルに限らないのだが、そもそも「好き」という気持ちや、興味関心を持つことをすべて性愛に還元することの方が難しいとも思える。それは「恋人」という存在が個人によって有り様も関係性も大きく異なることにも繋がるだろう。

ステレオタイプ的な性愛のイメージを演じることにはアイドルらしさがあり、その演出は特徴的な魅力のひとつでもある。しかし、その背後にある偏った視点や前提に気付くことで、演者であるアイドルも、観客であるファンもより自由なパフォーマンスが可能になるのではないか。実際に「理想の恋人」を演じるスタンスとは異なる見せ方をしているアイドルは、決して少なくない。ひとつのイメージに縛りつけることによって、その外側にある視点を見逃すことがないように、前提に対して疑義の目をも向けることは肝要である。

注

（1）もちろんアイドルの歌う歌は多様であり、特に恋愛の歌詞に限られているわけではない。聴衆を鼓舞する応援歌のような曲や友情を歌う曲、アイドルやライブ空間をメタ的に歌う曲など様々である（稲増 1999; 上岡 2022）。

（2）「後藤真希「ファンは〝近所の人〟のような存在」今だから語れる、ファンとアイドルの関係性【後編】」『QJ Web クイック・ジャパン ウェブ』https://qjweb.jp/feature/58235/（二〇二一年一〇月一六日）（最終アクセス二〇二三年九年六日）

（3）このようなアイドルとファンの関係性は、地下アイドルに特有ではないとも言える。太田は一九七〇年代の「おっかけ」行為を取り上げ、先述のあるおっかけファンがアイドルに対して「神様」という別次元の存在であるという感情を抱いた瞬間におっかけをやめた事例からおっかけファンのあり方が「同年代的」であり、アイドルを身近な存在に置く立場であると論じた（太田 2011: 49）。また「全キャン連」（「全国キャンディーズ連盟」）についてはアイドルとファンというよりも「仲間」のような関係性が築かれており（同前: 74）、同じく「親衛隊」には「大げさにいえば一種の〝同志〟的な関係」がうかがえると言及している（同前: 122）。

Code

# 2

## 映されるセクシュアリティ
## ——異性愛主義の中のアイドル

## 「疑似恋愛」「恋愛禁止」再考

前章では、「疑似恋愛」の対象としてのアイドル像がステレオタイプとして根強いこと、その構図を温存する「恋愛禁止」ルールは曖昧ながらアイドルに関わる人々のうちに規範として疑いなく置(お)かれていること、そしてここで言う「恋愛」とは「異性愛」を意味していること、つまりアイドルの背景にあるのはある種の強制的異性愛ではないかと考えた。

異性愛主義をめぐっては、ファンのまなざしを「疑似恋愛」に固定する、またそのように見せるのみならず、ファンであるか否かを問わずアイドルに向けられる視線もまた限定される。異性愛を前提としたロマンティックな、また時にセクシュアルな演出は、パフォーマンスとして魅力を持っているものの、表現や演出の範囲を超えて、ファンもアイドルも異性愛者である、と強調するような作用も少なからず持ってしまう。加えて、ヘテロセクシュアルなアイドル像や男女二元論が「当たり前」に前提とされているのを目の当たりにすると、単純にアイドルを楽しむ気持ちに葛藤が生まれることもあるだろう。プロフィールの定番項目として生年月日や身長、血液型の隣に「好きな異性のタイプ」が並んでいるのはなぜなのか。

二〇二二年四月一日、乃木坂46メンバーによるInstagramへの「エイプリルフール」投稿がクィア・ベイティングであるとしてファンダムを超えて大きく波紋を呼んだ。同性愛者であることを明らかにするという〝嘘〟が、エイプリルフールなどを利用してあからさまに〝冗談〟としてSNSなどに投稿される行為について、近年国内外のエンターテインメントを含むさまざまな場で度々問題視されてきた。しかし、そのことを知らない人にとっては、今も定番の〝冗談〟のままであり、問題の所在を認識されないまま、該当する投稿に本当に非があるか否かについて意見を戦わせ、ただインターネット上の炎上とだけ見なされることもある。この時も、ファン、非ファン、そもそもクィア・ベイティングを問題視する人、しない人、セクシュアリティに関わる問題について議論することを嫌う人、そうではない人、とさまざまな立場の「意見」がオンラインにあふれた。「意見」はまちまちであったが、筆者は、当時「問題を指摘する声の殆どは彼らを異性愛者であり、シスジェンダーであると断定するものであったことを記憶しておきたい」と記した（上岡 2022）。この投稿について、投稿者であるメンバーらのセクシュアル・オリエンテーションやジェンダー・アイデンティティによって、是非が変わるとは言い難い。しかし、例えば、これは些か物語を仕立て上げ過ぎている〝妄想〟になるが、クィアの当事者として〝嘘〟としてしかカミングアウトできない、というような事情を想定することは、やりすぎだろうか。[1] この件についてジェンダー、セクシュアリティを専門とする社会学研究者の中村香住は一連のポストで、「差別的な実践」であることを指摘しながら彼らが「「注目を集めたいだけのマジョリティ側」だと断じる」危うさを投げかけている。

> まず大前提として、エイプリルフールネタとして何かを表象することはそれが「嘘」であると明示することになるので、確かに今回の件は同性愛当事者に対して暴力的だった。ただ、セレブリティのことを「注目を集めたいだけの異性愛者」だと決めつけるのも危ういと思う。（中略）例えば、お二人が本当に友人以上の強い感情を抱いていて、それがこの日なら（社会的に）「許される」からとやってしまった可能性もあると思っている。それは逆から言えば、「冗談」としてしか同性への強い想いを明示的に示せないこの社会における異性愛規範の強固さを表してもいる。その規範自体が差別的であり、それに乗っかることももちろん差別的だが、そうせざるを得ない当事者もまたいる。（https://twitter.com/rero70/status/1510824052017233921：二〇二二年四月四日の投稿[2]）

いずれにせよ、アイドルに対して異性愛者であるという無意識のバイアスが顕著にあらわれた事例のひとつであっただろう。

＊

もちろん権利としてアイドルが自身のセクシュアリティをカミングアウトする必要は全くない。しかし、事実として異性愛主義の中でカミングアウトを迫られるのもまたアイドルである。異性愛者として「疑似恋愛」演出を取り巻く異性愛主義的な慣習や規範に疑問を抱くこともあるだろう。セクシュアリティと異性愛主義に対して疑問を持つことや、セクシュアル・マイノリティに寄り添う立場を取ることなどに直接的な関連はないはずなのだが、無理に結びつけるような視線もそこにはある。それは本人の性的指向を探るのみならず、何らかの特別な意図があるのではないかと邪推するような観客の言動を誘発することもある。特定の思想に傾倒するようになってつまらない、などと発言するファンの姿も見かけることがある。こうした点でもアイドルは「異性愛」に縛られやすい。

「恋愛禁止」について言えば、想定されるスキャンダラスな交際相手は当然のように異性に固定されている。ファンは基本的にヘテロセクシュアルの異性であり、恋愛感情を持ってアイドルを応援しているという固定観念を背景に「異性」を遠ざけることが重視される。多くの場合、アイドルは特定のファンと個人的に連絡を取り合う行為が、ルールとして明文化された上で禁じられていることが多い。この行為は「繋がり」と呼ばれ、アイドルの商業的な規模や知名度を問わず、発生した場合には解雇や活動停止などある程度の大きなペナルティが課される。度々発生するという意味で新しくもない〝よくある〟スキャンダルになってしまっているが、「繋がり」の相手が異性であるか、同性であるかによって批判の焦点が異なると如実にわかるケースは印象的だった。多くの場合、異性のファンが相手であれば親密な恋愛関係や性愛を伴う派手な交友関係が連想されるのに対し、同性ファンの「繋がり」に対しては、異性を紹介していたのではないか、または公開されていないスケジュールを内密に伝えていたのではないか、など異性相手のスキャンダルとは異なる憶測や問題の指摘がなされたのである。つまり、同性のファンとの間の親密な関係性そのものについては、問題視されていない。「恋愛禁止」とは、正確には「異性愛禁止」なのである。

## 「異性」「同性」というキー

稲増龍夫は、比較的早い時期からアイドル文化について社会学的な分析を試みた論者の一人であるが、アイドルとファンの間に一方的な疑似恋愛感情が引き起こされる要因については「異性」であるという一点に因って論じられているように読める。

言うまでもなく、アイドルとファンは基本的には幻想によって媒介された関係である。アイドルからみれば、自分のことを応援してくれているファンはありがたい存在であるわけだが、そこが異性のアイドルとファンの間に（一方的）疑似恋愛感情を引き起こす誘因であったわけである。（稲増 1989: 204）

異性愛以外が想定されていないことは明らかであるが、ここではさらに「疑似恋愛」は、ファンであればアイドルから嫌われることがないという点で「現実の恋愛関係ではありえない自己満足的な充足感」を得られるとされており、アイドルに向ける感情やその発露を恋愛感情に限定していることについて、取りこぼしが発生している可能性を見せている。しかし、二〇二〇年代の現在でも、この図式がスタンダードであることに疑いはなく、納得して受け入れられている。だからこそ「理想の恋人」論は成立するのであろう。

稲増は、九〇年代後半にはアイドルの歌う歌詞が「異性愛」から「自己愛」に転じる傾向を指摘したが、そこでも同性ファンの比重が論点となる。(3) ＳＰＥＥＤを例に、彼女たちが女性ファンの支持を集めていることと、アイドル文化を支えてきた「存立基盤」としての「異性愛の代償」（疑似恋愛と換言可能だろう）が変容する兆しをみせていることを関連づけている（稲増 1999: 158）。しかし、異性愛は解体されても同性愛を示唆することはなく、またSPEEDに対して異性である男性による自己愛の視点もここには登場しない。また、異性愛主義のみならず、現在まで続く恋愛至上主義のような世の中の風潮もアイドルを論じる視点として避けては通れない。

そのため同性のアイドルファンは異性愛規範によって異端視され、「同性」のアイドルを好きであることとセクシュアリティを素朴に結びつけられ、時に奇異な存在として偏見や嘲笑の対象となることがある（香月 2020: 25）。異性愛主義、そして恋愛至上主義は、アイドルやファン、またアイドル文化に関わるさまざまな人々に対する想像力を奪い、異性愛のみによって成立する図式に対する違和感を不可視化する。一方で、その歪さを保ったまま、「同性」ファンは、歓迎されるべきファンとしてもまた、描かれている。戦略的に男性アイドルであれば男性客、女性アイドルであれば女性客を取り入れようとする姿勢にも明らかだ。

*

ファン層の拡大は、アイドルにとって、また「アーティスト」としての集客力、訴求力の向上とマネタイズ、つまりアイドル生命の延命のために必要だとして、異性のみならず同性のファンを獲得する必要があるということも長らく語られてきた。稲増は、コラムニストの吉岡平へのインタビューの中で松田聖子を例に挙げながら「（でも）今のアイドルを見ていれば、結局、女の子に支持されなければだめですね」と、女性ファンの存在がアイドルとしての「成功」を意味すると語っている（稲増 1989: 54）。またライターの中川右介は、『松田聖子と中森明菜』で「一般論」であると留保した上でアイドルが「地位を確立」するためには男性アイドル・女性アイドルともに女性ファンが必要不可欠であるとし、「アイドルとしての地位を維持していくためには、女性アイドルは同性のファンの獲得が必要となる」（男性アイドルは異性のファンを維持すべし、と続く）と述べた（中川 2007: 170）。いずれも八〇年代のアイドルについての語りではあるが、このような（特に）女性ファン神話は脈々と受け継がれ、女性ファンの存在を人気のバロメーターとする向きは健在である。同性のファンは、ファンとの疑似恋愛からアイドルを解放し、長く支える〝良き〟ファンとして歓迎され、期待される。しかしその一方で「疑似恋愛」をアイドルの正統な楽しみ方であるとする空気を乱す存在として蔑視の対象にもなる（上岡 2020）。

前節でも触れたように、アイドルに対しても異性愛者であるという前提は根強い。AKB48や乃木坂46をプロデュースする秋元康はラッパーの宇多丸との対談の中で「たとえばAKBでも誰でも、若い女の子に「人を好きになった時に、その人が同性だったら好きになるかどうかを考えるんだ」と話す」ことによって歌詞の「トリガー」となる恋愛論を成立させるのだと語る（宇多丸 2017: 516）。この問いかけの意図は、自分の恋愛対象ではない性別に好きな人を置き換えることによって、恋愛において重要な点は何かを考えさせ、歌詞のヒントを引き出すことにあるのだが、いうまでもなく実際の恋愛の対象は異性を想定している。異性愛者がマジョリティである限り、対話の中での例として当たり前ではあるのかもしれないが、アイドルにとって接する相手が「異性」か「同性」かという問題は大きい。それは、アイドルが異性愛者であり、恋愛や性愛にも関心があり、出生時に割り当てられた性別に違和感を持たないシスジェンダーであると見せなければ「存立基盤」が崩（くず）されてしまう、という危機感によるとも言えるだろうか。

## 「異性愛」への問題視と「同性愛」への安心？

しかし、ここでアイドルが同性愛者であることを歓迎する向きにも注目したい。

二〇二二年一一月、当時ＡＫＢ48メンバーであった岡田奈々に、異性のパートナーの存在を明らかにするような写真週刊誌の報道があった。岡田は自身のセクシュアリティについて恋愛対象に性別を問わない旨を公言していたのだが、それをレズビアン――つまり「異性」は恋愛の対象に入らない――と誤って受け止めた、または意図的にそう解釈した人々からの、異性愛者であることを隠していた、嘘をついていた、という偏見をにじませる中傷が一部SNS上にあがった。この件にかんしては、バイセクシュアルに対する偏見や無理解はアイドルに限らず今に続いているが、そもそも同性愛者であればアイドルの恋愛は問題ないのか、という疑問がある。

この異性愛以外のセクシュアル・マイノリティに対して寛容さを示しているように見られうるものは、メンバー同士での恋愛関係を公表する事例にも見ることができる。静岡県を拠点とする女性アイドルデュオfairy♡larmeは、二〇一九年六月、結成三周年のワンマンライブでメンバー同士の交際を公表した。Twitter(現・X)にも「重大発表」として「活動を重ねていくうちにお互いの人間性に惹かれ合い、恋愛対象としても意識するようになりました」という手書きのメッセージを掲載した(https://twitter.com/ponzu_841/status/1142728097562673154?s=20:二〇一九年六月二三日の投稿)。あくまでも確認できる範囲であるが、ファンやこの「発表」を見た人の反応を見ると、本人に対するメッセージであることも加味するべきではあるが、好意的な内容が非常に多かった。中にはアイドルが恋愛をすること、またパートナーを公表することに対して、苦言を呈するコメントもあったが、それはごくわずかだ。この発表についてはメンバー間の関係性、つまりこれまでファンとの間でも共有されてきた文脈の先に提供された物語であるからこそファンから好意的に受け入れられた可能性は高い。メンバーの永瀬柚花は「発表」に際して「ヲタクたちの反応は今さら？みんな知ってるよ…ってかんじだったけど、フェアリル（筆者注・fairy♡larme の略称）が好きって言ってくれるみんなにちゃんと伝えたかったの～（ˋ。•o•。ˊ）❤」とも綴っている。しかし、fairy♡larme を知らない人からの反応を見ると、交際相手の性別、性的指向を問わず、アイドルは恋愛そのものを遠ざけるべきであるとするものはあまりなく、批判するかどうかの基準はあくまでも異性愛にあり、異性愛以外は容認するというねじれを孕んでいるようにも見えた。

*

二丁目の魁カミングアウトは二〇一一年からゲイアイドルというモットーを掲げて、（公式サイトより）「男性でありながら」女性アイドルの分野で活動を続けているアイドルグループだ。彼らの実践は、異性愛主義的なアイドルへのカウンターでありつつも、「異性愛」を持ち込まないからこそ成り立つ挑戦だとも言える。ゲイであることは女性アイドルと恋愛関係になり得ないことを意味し、女性アイドルに「異性愛」を近づけない存在として、同じフィールドで活動することを許されている。ライターの吉田豪は音楽ユニット「PANDA1/2」について、曲を作っていたメンバーがゲイであることに触れ、「女の子とゲイって、こんなに平和なユニットないんじゃないですか。間違いが起きる可能性がないから応援しやすい」と語っているが（宇多丸 2017: 554）、「ゲイ」は「女の子」と「平和」な関係性を築くことができるという幻想もまた、異性愛主義を規範とする社会において強固だ。

また、恋愛禁止の相手を異性に限らないと明言するケースもある。AKB48の「恋愛禁止」がメディアで度々話題になった二〇一〇年代には、性別を限定せず、異性とも同性とも恋愛はしない、という契約をしているとバラエティ番組内で語られたことがあった。また、事務所が公に「恋愛禁止」であると明言をしているわけではないが、King&Princeは、デビュー当初よりグループ内恋愛禁止をルールとして設定していることを各所で公にしてきた。髙橋海人はこのルールについて「これからずっと先、何十年、何百年と一緒にいるわけですよね。来世でも一緒にいるかもしれない。この先、歩んで行くとメンバー内でなにが起きるかわからないから、恋愛禁止というのは作っておこうと。うちのリーダー（当時・岸優太）が決めました[4]」と語っている。後者の例は、同性というよりも同じグループのメンバーを対象としており、グループ内の関係性を明かすという点ではfairy♡larmeの例にも近い。メンバー同士の仲の良さを恋愛や性愛に置き換えるという視点や演出もまた、異性愛の外部に位置しており、「平和」と見なされやすい。とはいえ、異性愛に限定しない「ルール」も語られることでアイドルとしての表現にとって「恋愛」とは何かということを再検討する契機になることもあるだろう。

### アイドルの性表現

個人のセクシュアリティを他者に明かす必要はないわけだが、性表現、つまり服装や振る舞いによって邪推されるということは発生してしまう。クィア・スタディーズを専門とする森山至貴は、性表現とセクシュアリティに関係はなく、「女装」という言葉が意味する内容を整理する中で「「性表現」はその人の「性自認」を必ずしもあらわしているわけではなく、「性自認に沿った性表現をする人が多いとしても、両者は別の要素」と考えるのが一般的である」（森山 2020）としている。一方で、観客に対して「オン／オフ」の切替や境界が曖昧なアイドルという立場からは、性表現を含む観客の前での容姿や振る舞いを「別の要素」として切り離すことは極めて難しい（香月 2020: 43-44）。アイドルをシスジェンダーの異性愛者だと断定する理由のひとつに、異性愛的な演出は大きな影響を与えているであろう。「女らしさ」や「男らしさ」を取り入れた演出として、それを過度に強調するような衣裳や言動、異性を恋人と想定しているような振る舞いは、アイドルのステレオタイプを構成する要素として印象強い。

現在、アイドルの衣裳はフリー素材サイト「いらすとや」の画像のように、女性アイドルであれば短いスカートにフリル、リボン、男性アイドルであれば王子様のようなスタイルや胸元の開いたスーツ……といったものばかりではなく、体の線を隠すものや、あまりデコラティブではないモダンなデザインなども含めて多様である。とはいえ、「いらすとや」的な造形は「アイドルらしい」とされる衣裳に頻繁に用いられる要素ではあり、「らしさ」を好んだり、楽しんだりするアイドルやファンも少なくはないだろう。しかし、本来それはあくまでも衣裳であり、そこで演出される性表現は個人の志向とは必ずしも合致しない。望まない衣裳を着ていることもカジュアルに語られたりもする。ただ、そうした演出を通じて作られたイメージを楽しむのもまた観客であり、アイドルを演出する側は性表現によって見せ方をコントロールしているとも言える。

ただアイドルの意図的な性表現は、ヘテロセクシュアルが前提とされて作られているものばかりではない。筆者はかつて、異性装するアイドル、中でも男装するアイドルについて調査分析を行なったことがある（上岡 2022）。アイドルの異性装はしばしば戦略的に用いられている。ジェンダーと比較文化を専門とする佐伯順子は、「自らのアイドル性を高めるために」女装が利用され、「男性アイドルの女性とも男性ともつかぬ両性具有的魅力を引き出し、そのカリスマ性を演出するための重要な手段」となっている例として、香取慎吾が演じる「慎吾ママ」や、堂本光一や滝沢秀明が舞台やドラマの中で演じた役柄を挙げている（佐伯 2009: 39-47）。佐伯が例としてあげる以外でも、テレビドラマ「49」（日本テレビ、二〇一三年一〇月六日〜一二月二九日放送）の中で佐藤勝利とジャニーズJr.（当時）が演じた女装グループ「チキンバスケッツ」、関ジャニ∞がスマートフォン向けゲーム「キャンディークラッシュソーダ」のCM（二〇一五年放映）で演じた女性アイドル「キャンジャニ∞」などもあげられるだろう。「キャンジャニ∞」はその後、単独で関ジャニ∞の妹分グループとして活動の幅を広げ、〝会えそうで逢えないアイドル〟をコンセプトに楽曲のリリース、音楽番組への出演、オンラインでの動画などの配信、二〇二三年八月には月刊マンガ誌『りぼん』（集英社）でのマンガ化が発表された。

また女性アイドルによる男装として、二〇〇一年一〇月三一日にリリースされたモーニング娘。一三枚目のシングル「Mr.Moonlight 〜愛のビッグバンド〜」で演じられる男役[5]や、AKB48が出演するテレビ番組「AKBINGO!」（日本テレビ系列、二〇〇八年一〇月二日〜二〇一九年九月二五日放送）内の企画「No.1イケメンガール頂上決戦!! DANSO甲子園」（二〇一〇年三月一〇日初回放映）などがあり、女性客限定のライブイベントで男装する女性アイドルの例もある。

これらの多くは一時的な異性装の例だが、「キャンジャニ∞」のようにアイドルグループ自体を独立させるケースや、風男塾などのように観客の前では恒常的に「異性」として振る舞うアイドルも存在する。このような異性装演出が選ばれる背景には、数多くのアイドルの中で差異化をはかるという目的もある。衣装やコンセプト、楽曲などさまざまな切り口でほかのアイドルとの違いを見せることで観客にアプローチを仕掛け、経済的な成功を目論む。女性アイドルの場合、少女らしさを前面に出したアイドルが主として存在する一方、ショートカットにパンツスタイルのアイドルは目立つし、男性アイドルの場合、中性的、またはガーリーなスタイルは大きな違いとなる。グループの中の少数派として、そうしたビジュアルを持つメンバーを擁するケースは枚挙にいとまがない。

＊

異性装の演出について検討すると、異性装アイドルとは、出生時に割り当てられた性ではない性別を装い、振る舞う形式でのアイドルパフォーマンスであり、これは演者のセクシュアル・オリエンテーションやジェンダー・アイデンティティに必ずしも依拠しない。しかし調査では、一様に「男装アイドル」と名乗っていても、各アーティストによって「男装」という言葉によって表現される内容、また「男装」という手段を選択する理由は異なることがわかった。

「男装」は演じる手段として先述のように差異をつけるために戦略的に選ばれることもあれば、ヘテロセクシュアルを前提とするような演出を積極的に避けるための手段として取られることもあり、同じグループの中でもメンバーによってその立場が異なることもある。

筆者がインタビューを行なったアイドルの一人は、自身が女性であることを表現の第一におかなければならない状況から離れるために異性装を選択したと語った。また別のアイドルは、メンバーに「無理をさせない」、「(キャラクターを)作らない」をこだわりとし、プロデューサーを兼業する立場として「女性としても男性としても…宙ぶらりんな人達」を選んだと話した。そこでは「自然と出てくる自分」としての演者の姿を見せることが狙いとなる。「無理をさせない」、「キャラクターを作らない」とは、自分自身を表現する上で既存の女性らしさが馴染まないアイドルの候補者たちを採用し、無理に女性らしく振る舞わずともアイドルとして活動できる、そのようなグループを目指していることを意味する。自然な振る舞いが旧来の女性らしさより男性らしさに近いと感じていて、異性装といってもむしろ自身の性表現として違和感の少ない見せ方となっている。異性装によって演じる、または演じない手段としてアイドル活動を行なうパフォーマーの語りは、性表現としてのアイドルを再考するきっかけとなりうる。

## クィア・コミュニティにおけるアイドル

「ヘテロセクシュアルな欲望の客体」（香月 2022: 75）として見なされてきたアイドルではあるが、ゲイ・アイコンとして、またクィア・コミュニティを形成するきっかけのひとつとして検討することも可能である。彼らはクィアと決して遠いところにあるわけではなく、むしろ関係が深い。

二丁目の魁カミングアウトが結成前後には新宿二丁目を中心にアイドル楽曲を踊る「ダンサー」として活動していたように、女性アイドルは長らく日本のゲイ・コミュニティにおいてアイコンとして語られてきた（後藤 2013）。ゲイ・アイコンとは「ゲイ・コミュニティに熱く支持されている人物」（後藤 2011）を指すが、日本国内のゲイ・アイコンについて書かれた文献やテキストは限りなく少ない。しかし、ゲイであることを明らかにする著名人などがメディアで特定のアーティストについて、著述または口述することによってそのシーンを垣間見ることができる（クリス松村 2014 など）。また二丁目のバーやクラブなどで開催されるイベントに熱く支持されている人物やコンテンツを見ることもできる。[6] さまざまなミュージシャンやコンテンツ、音楽ジャンルが人気を集める中、アイドルもまた長らく人気を集める芸能ジャンルのひとつと言える。

ブルボンヌは、女装家としての自身を「社会の少数派」の中の「少数派」＝世界の際（キワ）に立つ者として、アイドルが「キワモノ」として愛される側面を語る。

> （女性）アイドル系アーティストはおしなべて性的魅力を売る女でもあるのに、あからさまにそれを打ち出しすぎるとやはり王道からは追い出されちゃう。そんな不遇さにどこかシンパシーを感じているのかもね（でもニヤニヤ見る）。（ブルボンヌ 2011）

性的な魅力がアイドルのステレオタイプを形作ると同時に、非日常的な逸脱の要素を併せ持っていることは「王道」とは異なる魅力を生み出す。それはレディー・ガガについて綴（つづ）るゲイ・ライターの後藤純一のテキストにもリンクする。

> ポップ・スターとはある意味、異性へのセックス・アピールを売りにすることを運命づけられた人たちですが、ファッションやパフォーマンスがあまりにも奇抜すぎて性を超越した、ドラァグクイーンのような存在となり、その鉄則をひっくり返したのがガガです。（後藤 2011）

異性愛を前提としたポピュラー音楽のパフォーマンスも、よりデコラティブに、よりエネルギッシュになることによって、性を超越するというのは、アイドルシーンとも地続きの図式ではないだろうか。ほかのアイドルとの差別化や、特徴となるコンセプトを強調する衣裳や演出は、どこか異質だ。ブルボンヌは、「そもそもアイドルという器自体が、キワ要素のコンセプトと相性がいいこともあり、世間様ではそこまでブレイクしていなくとも、オカマ業界ではこよなく愛されてきたものが数多いのです。東京パフォーマンスドールに、Dream、移籍ブレイク以前のＡＫＢ48なども、ゲイバーのカラオケの中では輝いていたもの（オッサンたちのやけに完璧な振り付きで）」（ブルボンヌ 2011）と続けている。商業的な成功の如何を問わず、さまざまなアイドルやアイドル的要素を持った歌手（時に俳優やモデルなど別のジャンルに本業を持つ人を含めて）がゲイ・コミュニティで愛されてきた。

もちろん特定のセクシュアリティと個人の趣味嗜好が結びつくわけではなく、関心を持つ背景は人それぞれである。歌人の鈴掛真は、自身がモーニング娘。のファンになった理由を以下のように分析している。

ゲイの僕は女性アイドルに一体なにを感じて惹かれているんだろう。

僕は女性に恋愛感情を持たない。

かと言って、女性的な性格でもなければ、女性になりたい願望もない。

モーニング娘。を見て、「かわいい！」とは思うけれど、「僕もあんなかわいい女の子になりたい！」とは思わないし、「俺の嫁！」といった独占欲もない。


恋愛対象でもなければ憧れの対象というわけでもない、それは、僕みたいな存在から最も遠いところにいる、いわば崇拝対象。

モーニング娘。は僕にとって、決してこの手に触れることないフェアリー。

アイドルとは、年齢や性別、セクシュアリティを超えて人を惹きつける神力を持ったスーパービーイングなのです。（鈴掛 2020）

「最も遠い」という感覚は、ブルボンヌがシンパシーを感じるのとはある種対照的だ。一方で後藤のガガに対する性を超越した存在とは重なるが、異性愛を完全にひっくり返すわけではない。鈴掛のモーニング娘。に対する想いは、恋愛感情の否定から始まっている。それは自身のセクシュアリティによるとしているが、もちろん異性愛者のシスジェンダー男性であれば恋愛対象になるというわけでもないことは改めて確認したい。しかし、恋愛対象でなければ、なぜ好きなのか？　という問いに素朴（そぼく）に辿り着いてしまうのは、アイドルのステレオタイプの根強さなのだろうか。

＊

もうひとつ、事例を考えてみよう。アイドルファンダムがセクシュアル・マイノリティを自覚する人々にとってのコミュニティとして機能することも少なくない。中村香住は、女性アイドルファンの女性ファンコミュニティに非異性愛が受け入れられやすい空気感があり、セクシュアルマイノリティ当事者にとって「居やすい場所」として機能している事例を紹介している（中村 2020: 254-256）。

必ずしもファンの視線や感情は同性愛的とは限らないが、恋愛感情も否定されることなく受け入れられるという点で「女性同士の愛情の表現や親密性をほかのコミュニティに比べて許容する土壌」があるという。一方で「レズビアン・アイデンティティをもったレズビアンの不可視化につながりうるとの指摘」もあることには注意すべきだが、(7) 異性愛を前提とするが故（ゆえ）に非異性愛的な側面を照射することには注目したい。

## アイドルからのカミングアウト

本章で名前を挙げたアイドルのほかにも、でんぱ組.incのメンバーとして活動した最上もが、アンジュルム（初期はスマイレージ）のメンバーとして活動した和田彩花など、自身のセクシュアリティをオープンに語るアイドルたちがいる（原田2020）。数で言えば非常に少ないが、そもそも日本のポピュラー音楽業界で、また、芸能界においてカミングアウトする性的少数者はそう多くはない。また自身のセクシュアリティを明らかにすることで、特にゲイであるタレントなどのメディア出演者が「おネエタレント」などとして、過度に女性的な言動などを含む誇張されたゲイ像を求められる時代も長く続いた。そうした状況の中で、またアイドルシーンにおける異性愛規範を背景に、彼らのカミングアウトはどんな意味を持つのか。

中村香住は、「こうした状況を考えると、アイドル自身がセクシュアルティ（ママ）をオープンにするのは本当に勇気ある行為ですし、異性愛主義に風穴を開ける第一歩になることでしょう。また、応援しているアイドルのカミングアウトは、セクシュアルマイノリティ当事者のファンにとって、勇気を与えてくれるとともに自分に居場所を与えてくれると思います」（同前：記事内のコメント）と語る。アイドル文化が抱（かか）えるセクシュアリティの問題は、アイドルやファンに対する個々人のセクシュアリティに対して無関心であるが故に異性愛主義を色濃くしている。

本来カミングアウトをするか否かは自由であり、強制されることはないはずであるが、言わなければないものとされる風潮があるのも現状である。決められた演出の中でのパフォーマンスを鑑賞する楽しさはあるが、同時に演出の外側を想像する必要もある。

注

（1）該当するメンバーについては、ファンの前で関係性を商品化することについて是非を問うインタビューが公開されているなど、両者の関係性とその見せ方を真摯に検討してきたことが知られており、それを知るファンにはまた異なる視点で問題を捉えたことであろう。

（2）中村は、佐藤悠祐の note 内の記事を紹介している。高校生の頃、文化祭で男子の制服を着た日のことを振り返り「LGBTQ当事者の皆さん、少しだけ想像力を働かせてみて。カミングアウトできない当事者が、冗談という言葉とセットじゃないと写真を載せられないこともあるということを。」と呼びかけ「カミングアウト至上主義」に疑義を呈した。

（3）稲増は、学生を対象としたSPEEDについての調査、およびドキュメンタリー製作の過程におけるファンに対するインタビューからアイドル音楽は恋愛（＝「異性愛」）に限らず、「自己愛」を歌い、ファンの視線も恋愛感情に似た想いから憧れや自己投影、同一化へとシフトしている可能性を示した。さらにその背景として、社会における女性像の変化、特に「男性優位社会」における「物語」（「恋愛幻想」「成長幻想」「会社幻想」）の解体があり、それによってアイドルが歌う歌詞に、またそれに対する受け手のまなざしに、変化を与えたという相関関係を指摘した。（稲増 1999: 176）。

（4）「高橋海人がキンプリ内〝恋愛禁止〟ルール告白！ 佐藤勝利「岸くんが作ったの!?」と驚き」『MOVIE WALKER PRESS』https://moviewalker.jp/news/article/209620/（二〇一九年一〇月二二日）（最終アクセス二〇二三年九月六日）

（5）青田麻未は工藤遥を対象にモーニング娘。メンバーが「イケメン」化する過程に演劇とほかの表現活動との共鳴をみている（青田 2020: 266-274）。

（6）『アイドルごっこ』をコンセプトに二〇〇九年二月に結成したゲイアイドルサークル「虹組ファイツ」は、カバーのみならずオリジナル楽曲でのパフォーマンスも多数行なっている。

（7）中村によれば「百合」に対しても同様の指摘があり、その見解はアドリエンヌ・リッチの「レズビアン連続体」との関連も指摘している（中村 2020）。

Code

# 3

## 役割を越境する

### ――男の子 女の子としてのアイドル

## アイドルの自由さと不自由さ

稲増龍夫はかつてSPEEDを「自由のシンボル」と論じた（稲増 1999: 155-178）。それは、「商品化された性」の一形態としてあったアイドルの「異性愛」を前提とした世界観から、女性にとっての「自由」な生き方を示す在り方への転換の指摘であったが、そもそもここまで見てきたような不自由さの中で相反する自由さを「演出」することはアンビバレントであるようにも思える。ただ、同時にその「演出」が変化の兆しへの一助となるような事例を作り出すこともある。SPEEDがこれまでのアイドルらしさを一新したかという視点から考えてみると、稲増の調査にあるように、実際に同年代の同性を中心にファンを獲得することによって、アイドルというよりもアーティスト、またはダンス&ボーカルグループと呼ばれるような非アイドル歌手としてのジャンルでの活動を期待されるようになったとも言える。それは九〇年代までのアイドル像との切り分けであって、アイドル像そのものの変化ではない（稲増は同稿で同じように安室奈美恵について論じているが、安室奈美恵がアイドルとジャンル分けされるか否かは活動時期によって大きく異なるというのは自明であろう）。しかし、それまで「アイドル」とジャンル分けされていたであろうパフォーマーがアイドルとは見做（みな）されなくなる、という事例を通じて、アイドルの不自由さ、そして表裏の関係にある自由さについて考えることができる。

＊

アイドルについてよく投げかけられる質問がある。「なんでアイドルって女性だけ、男性だけのグループなんですかね」。「男女混成のグループってないんですか」。前者については、ここまでの議論の中心にあった、異性愛中心主義やそれを支えるシステムや演出がほとんど答えになっているだろう。実際に、女性アイドルと男性アイドルは明確にジャンル分けがなされているし、アイドルが目指す成功のステータスのひとつにもなっている「ＮＨＫ紅白歌合戦」は、――近年変化を標榜しているが(1)――、性別によって明確に日本のポピュラー音楽を分けている。この点は、歌手などの音楽家を取り巻くジェンダーバイアスについても研究があり、日本やアイドルに限らず、ポピュラー音楽を考えるための重要な論点のひとつでもある。その中でも、アイドルに対象をしぼると、さらに「疑似恋愛」の問題も絡まり、事態はより複雑になる。

さて、先ほどの後者の疑問についても考えてみよう。男女混成のアイドルグループは、実はいくつも例がある。既に解散しているグループに清竜人25、Dream5、Happy Dance、LADYBABY、DESURABBITS、絶対直球女子！プレイボールズ、すこやか健康クラブ、ONE BY ONEなど。現在も活動中のグループに青SHUN学園、lyrical School、くぴぽ、電影と少年CQ、NaNoMoRaL、プランクスターズ、モノクローン（現在はメンバー変更および活動休止中）、スーパーマカロニサラダ、劇場版ゴキゲン帝国 - 諸行無常 - などがある。以上は主に女性アイドルの分野で活動するアーティストであるが、男性アイドルの分野でも男装アイドルとしてのキャリアを持つメンバーを含むグループなどがある。混成とひと言で言っても構成は様々であり、大きく分けると、女性アイドルの分野で活動する場合、女性メンバーとは立場の異なる男性が共にパフォーマンスを行なう例と、女性メンバーと同様の立場でメンバーとして活動する例がある。

例えば前者に相当する清竜人25（二〇一四年結成、二〇一七年解散）はシンガーソングライターの清竜人を夫とした妻であるメンバー「夫人」たちで構成される一夫多妻制アイドルである。ステージでは基本的に「竜人くん」がメインボーカルであり、センターに立つ。清はプロデューサーでもあり、「夫人」たちとは立場が異なる。ほかにもプロデューサーがメンバーも兼任し、ステージに立つ例はいくつかあるが、そのうちのひとつであるくぴぽ（二〇一四年結成）の場合、まきちゃんはプロデューサーではあるものの、ステージ上では基本的にほかのメンバーと変わらない衣裳や立ち位置を担当している。後者の例のうち最もよく知られたグループはDream5（二〇〇九年結成、二〇一六年活動終了）であろう。二〇一四年にリリースしたテレビアニメ『妖怪ウォッチ』（テレビ東京系列）のエンディングテーマ「ようかい体操第一」（ラッキィ池田&高木貴司・作詞、菊谷知樹・作曲）は、アニメの主要な視聴者であった子どもたちを中心に話題となり、同年の「第65回NHK紅白歌合戦」でも披露された。唯一の男性メンバーである高野洸は、グループとしての活動終了後、俳優として数多くの作品に出演している。

こうした形式や構成は、ライブシーンを中心に活動するアイドルの中で、数は少ないが、一〇年以上は前から実践されてきた。これは差別化の一手法でもあり、音楽作品を上演する上での効果的な方法として取り入れられるケースもあれば、性別は問わず適任者として作品に必要なパフォーマーが選ばれた結果いわゆる男女混成になったケースもあるだろう。いずれにせよ、アイドルのライブシーンに親しむライブゴーアーであれば、そこまで珍しくもない、ある意味ではお馴染みの構成と言える。

## 「もうアイドルではなくなってしまうんだ」という声

しかし、メンバーの編成が変更される状況において、特に同性のみのメンバー構成に異性メンバーが加わる場合、その変化の大きさに戸惑(とまど)いを覚える観客も少なくはない。そして、そうした観客の声に疑問を抱き、葛藤するアイドルがいる。lyrical school は、二〇二二年七月に当時のメンバーが一人を除いて全員が活動を終了、二〇二三年二月から残った minan をプレイングマネージャーとして新メンバー七人を迎えた新体制をスタートさせた。

ヒップホップアイドルユニット・lyrical school の minan になってから、一〇年になる。加入した当初は、こんなに長く続けるつもりではいなかった。紅白出場グループにでもなっていればまた話は別だが、そうでなければ芸能の仕事は三〇歳まで、と漠然と決めていた。そんな私が、男女八人で体制新たに再始動した lyrical school のプレイングマネージャーとして、この先もこの仕事と向き合っていくつもりでいる。ここでは、ヒップホップアイドルというプレイヤーの立場でいま考えていることを書いていこうと思う。(minan 2023)

以上のように始まる minan の手記には、本書で検討するアイドル・コードとその課題が余すことなく触れられている。新体制が発表されて以降、minanらのもとに寄せられたネガティブな声は二重三重のバイアスを含んだものであったという。まず、アイドルは異性愛者であり、疑似恋愛の対象として恋愛を遠ざけるために異性とは接触しない、ということ。長くなってしまうが、該当箇所を下記に引用する。

数カ月前、新体制のメンバーが決定しlyrical schoolが男女混合のグループになることを発表した時、大半の好意的な意見の他に、「もうアイドルではなくなってしまうんだ」という落胆の声や、中には「アイドルファンを捨てたのか」という非難の声まであった。これは非常に興味深い反応だと思う。彼・彼女らにとってそもそもアイドルとは女性に限定されたもので、男女混合になるとそこにアイドル性を見出せなくなるということなのか、それとも単に私たちのビジュアルや楽曲にそれぞれが思うアイドルらしさが表現されていなかったということなのか。そういった反応を示した一人ひとりに聞いてみたいことが溢れてくる。例えば、「男女混合になったらグループ内で恋愛沙汰が起きるのでは」と心配したり、「間違っても自分の推しとは同じ楽屋になってほしくない」と言っている人たちにはこのように聞きたい。女性メンバーだけで構成されたアイドルに、そういった類の憂慮を向けたことがあるのだろうか。おそらくだが、ほとんどの人が想像すらしていないはずだ。同性間の恋愛なら問題ないと考えているのだろうか。何なら、グループ内における同性同士の恋愛のケースであれば、本人たちが公表したとして、ファンからは「尊い」などという感想が出てくることが予想できてしまうのも、何だか不穏な気持ちになる。恋愛対象の性別は各人によるし、恋愛感情を持たない人もいる。にも拘わらず、アイドルのフィールドになると特に、こと異性間での恋愛に対してだけ敏感に反応するのがどうしても不自然に感じてしまうし、これを理由に「男女混合になったリスクはアイドルではなくなったんだ」と言われると納得できない。(同前)

そして、男性メンバーが加わることでアイドルではなく、音楽の専従者という意味での「アーティスト」らしさを感じるということ。「同じステージ上で同じようにパフォーマンスをしているのに、女性メンバーだけの時はアイドル、男性メンバーが現れるとヒップホップアーティストのようだと言われるのは、(中略)アイドル＝女性のイメージがあるのと同時に、もしかしたら、ヒップホップのアーティスト＝男性というイメージが強く刷り込まれているということなのかもしれない」(同前)。lyrical schoolは、新体制でも旧体制の楽曲を歌っているし、演者の性別の構成が——あくまでもぱっと見ではあるが——変わっただけにも関わらず、それこそが何より大きな変化とされ、アイドルと見なされていたはずなのに、途端に別のジャンルに振り分けられる事態が起きている。

そもそもlyrical schoolは二〇一〇年にtengal6として結成されて以来、何度かメンバー編成を変えてきた。minanも触れているようにメンバーの入れ替わりに伴ってグループの方向性も変化している（「メンバーの卒業や加入を何度か経ながら、時代の移り変わりと共にグループの運営方法も徐々に変化していった」）。新体制を迎えるごとに、その時々の新しいlyrical schoolを見せるような新しいアプローチの楽曲が発表され、歌い継がれてきた楽曲も違う一面を見せるパフォーマンスへと移り変わってきた。そのどれもが「リリスク」（lyrical schoolの略称）らしさを持ち、一〇年以上グループを繋いでいる。プロデューサーであるキムヤスヒロの卒業制作としてアダルトグッズメーカーであるTENGAの協賛でスタート、初期は決まった振付もあったが徐々にフリースタイルへ、衣装も私服のようなメンバーごとに異なるものへ、サングラスをかけたままのメンバーもいる、と何らかの「アイドルらしさ」から自由な面を見せてきたはずのlyrical schoolに託されている「アイドルらしさ」とは何か。

## アイドルというジャンルが内包する多様さ

「アイドルらしからぬ」という手法を戦略的に、また露悪的に取り入れるのではなく、これまでの「正統派」とは異なる見せ方を選びつつ、アイドルというジャンルを選び活躍しているアーティストは多数存在する。多くは、典型的なポップスのサウンドを離れ、音楽的なジャンルの違いを強調することで「正統派」と線を引く、または自由奔放なコンセプトやキャラクターを見せることで旧来のアイドル像に相対(あいたい)することが多い。「アイドル」とは芸能の一ジャンルではあるが、決して音楽ジャンルではない。(2) lyrical school の場合は、ヒップホップアイドルユニットを名乗ってきたわけだが、ヒップホップを歌うアイドルは、ほかにも少なくとも数組以上は存在する。(3)

例えば、BABYMETAL がヘビーメタルをもじっていることを説明する必要もなく、今や世界各地で公演を行なうようになっているし、プログレッシヴ・アイドル XOXO EXTREME は、プログレッシヴ・ロック誌である『EURO-ROCK-PRESS』vol.90 の表紙を飾ったことでも話題になった。Broken By The Scream のようにデスヴォイスでシャウトするアイドルもいれば、C;ON は器楽奏者をメンバーに含み、かつてはクラシック、現在はジャズなども取り入れるオーケストラとボーカルの融合ユニットだ。このように幅広く活躍するアイドルたちを概観するだけでも、音楽ジャンルを切り口にすると、アイドルという芸能ジャンルをひとまとめにして定義することが難しいことを実感する。従来のような、同じアイドルグループがさまざまなジャンルの楽曲を歌い、踊り、それこそがアイドルらしいと言われるほどに定番として根付いているものに追従するわけでもなく、分野を越境してパフォーマンスするアイドルという側面を見ることができる。

こうしたアイドルならではの多様さと表裏をなすように、「アイドルではなさ」も同時に評される。再び minan のテキストに戻ると、そもそも新体制以前から、楽曲やコンセプトイメージの変化に対して、度々「アイドルではなくなった」という言葉が投げかけられてきたという。そこには、ファンが求める〝アイドル規範〟とも言える「理想」や「規定」があるのではないかと minan は指摘する。

アイドルファンはそれぞれに、応援する対象のアイドルに対しての理想や規定を持っている。その各々が持つ多様な範囲の中で、アイドルはアイドルとして存在し得るかどうかが決まってくる。シーンは、良くも悪くも作り手と受け手が共に引っ張りあって成り立っているものなのだ。（minan 2023）

もちろん、この引っ張り合いによって規範は変化する可能性を孕んでいるが、変化の途上には反発もある。受け手の反発をまるっきり無視することは横暴であるし、そのように対応してはただシーンは壊れてしまうだけだ。しかし、これまでになかったものを提示することで選択肢を増やし、観客も好きなものを選び、送り手もかつての基準から少しずつ自由になっていく。そのようなステップはひとつの新たな理想であろう。

> これはlyrical schoolに限ったことではなく、かつてアイドル戦国時代と呼ばれた時代を切磋琢磨してきた数多くのグループが、それぞれのスタイルで拡張し続けてきたはずだ。アイドルという職業が内包している制限性や排他性は、時代と共に、そして何よりも活動しているアイドル本人たちの手によって、取り除かれようとしている。（同前）

商業的な理由で差異化を図ることを目的とした出発点であったとしても、クリエーションの面白さがきっかけだとしても、新しいアイディアを受け入れる土壌（どじょう）としてのアイドルは、窮屈なようでいて、チャレンジングな試みを可能にする場としても機能している。

＊

また、近年では性別不問の女性アイドルジャンルでのオーディションも増えつつあるように思う。講談社が主催するオーディション・プロジェクト「ミス・iD」は、「ルックス重視のミスコンとは異なり、ルックスやジャンルに捉われず、新しい時代をサバイブしていく多様な女の子のロールモデルを発掘するオーディションであり、生きづらい女の子たちの新しい居場所になることを目標とするプロジェクト」として「女の子」を掲げながらも、この数年、男性やノンバイナリー、トランスジェンダーの応募者、ファイナリストも公開されてきた。また、lyrical school同様に、アイドルグループのメンバー追加オーディションなどで募集要項を性別不問とする例もある。実際に採用されるかはともかく、間口が広がっているのは間違いないだろう。

二丁目の魁カミングアウトのプロデューサーであり、メンバーであるミキティー本物は、かつてモーニング娘。のオーディションに応募した経験を明かしている[4]。先述のようにアイドルそのものが、性別によるジャンル分けを行なっており、それを利用した「男らしさ（少年らしさ）」「女らしさ（少女らしさ）」といったジェンダーバイアスに基づく演出を積極的に取り入れていることが多い。アイドルという上演形式を選ぶ時に、出生時に割り当てられた性別は様々な場面で基準となる。そうなると、自身の「性別」が応募要項に添わないということは大きな困難となる。しかし、その初めのハードルが取り払われることによって、シーンの拡張を目指すことは可能になる。

## 社会的役割を越境する手段としてのアイドル

ミキティーのように男性として女性アイドルを目指したいという思いを抱えてきたアイドルに、CUBERSの末吉9太郎がいる。「モーニング娘。になりたい。小さい頃から僕はそう思っていた」（末吉 2019）。末吉は、近年「オタク（=男性アイドルファン）あるある」を中心とした動画や、ソロのオリジナル楽曲で注目されているが、長年の夢を男性アイドル（ボーイズユニット）として叶えるかのように、女性アイドルに倣（なら）うような表現方法を取り入れながら独自の個性を発信してきた。末吉もまた応募要項に足止めを喰らった一人である。「中学生に入り、大変なことを知ることになる。男の子はモーニング娘。にはなれないらしい。確かに公式サイトの応募条件には〝女性〟と書いてあった」（同前）。その後、アイドルになるためにほかの事務所のオーディションを受け続け、二〇一五年にCUBERSとしての活動をスタート、二〇一九年につんく作詞作曲、夏まゆみ振付の楽曲「メジャーボーイ」でメジャーデビューを果たす。まさに、憧れのモーニング娘。と同じクリエイター陣に「子供の頃からモーニング娘。

になることが夢だった男の子が「最高で限界の夢の叶え方」をした。そう。ほぼほぼモーニング娘。だ」と綴る。ジャンル分けはされているものの、アイドルという地続きの環境で応募要項の壁を「ほぼほぼ」乗り越え、そして独自のアプローチで今も夢に手を伸ばし続ける一人だろう。

自らをアイコンに掲げ音楽活動を行なうゆっきゅんは、「DIVA」という在り方を示している。電影と少年CQのメンバーとして、またゆっきゅんとしても、女性アイドルを中心としたライブイベントのステージに立つことが多く、ミス・iD2017のファイナリストでもある。楽曲のクリエーションや映像、ビジュアル、ファッションなどを自ら手がけ、アイドル分野の外からも注目される一人であるが、起点のひとつはアイドルだ。

岡山県の田舎で中学2年生ぐらいのときからアイドルをすごい好きになって。そのなかで初めて自分の方を向いて歌ってくれたような気がしたんだと思うんです。(でんぱ組.inc の楽曲)「W.W.D」にもすごく救われた部分があって。あと、アイドルだけではなくて、いろんな同時代のカルチャーに興味があったので、そのカルチャーの中心にいるような存在として、すごく憧れましたね。(ゆっきゅん 2021a)

高校の文化祭で一人六役をこなし「W.W.D」を歌い踊った年に上京、形式や活動環境には少しずつ変化がありながらも「アイドル活動」を続けてきた。そして、でんぱ組.incの楽曲の作詞を手掛ける（「好感Daybook♡」二〇二一年一二月一七日配信リリース）という点では、末吉同様に独自に表現の道を紡いでいった先で、憧れのアイドルと同じ土俵に立つことを叶えたと言えるだろう。

どのような仕事をするかは、個人のキャリアによるが、社会属性を越境する表現と「アイドル」という間口は、目指すところがうまく重なった場合には、相性が良い。前章で紹介した異性装アイドルの例にも同じことが言えるが、自分の選択した表現がアイドルというフィールドで受容される、その範囲は広がっていっているように思う。

美しいとか可愛いとか、カッコいいとか何を言われてもうれしいんですけど、自分が大事にしているのが〝DIVA〟らしさ。DIVAらしいって感覚的なものなので説明しがたいのですが、あえて言葉にするならば、「自分がしていることに納得していて、自信を持って誇り高くいること。人のジャッジを必要としない存在感があること」。自分でプロデュースしている「DIVA Project」ではそれを表現するべく楽曲づくりやMV制作をしています。（ゆっきゅん 2021b）

「憧れ」のアイドルは、そうした選択肢を示す役割を持つ。憧れた時点では、自分に与えられた役割と異なっているように見えても、そこに近づくことで新しい選択肢になりうる。

もし何かを我慢している人がいるならば、「何をやっても大丈夫だから！」と伝えたい。どう生きるかって人に迷惑がかかる領域じゃないし、自分が自分として生きるって人権の範囲だと思うんです。ゆっきゅんの活動を通して、「自分らしく生きていいんだ！」と思う人が増えてほしいな、って思います。（同前）

くぴぽのまきちゃんは、「僕は女の子になれなかった。」という自身の写真集と同タイトルのnote記事を通じて、アイドルとして「女の子」としてファンの前に存在すること、既存の「アイドル」に求められてきた「かわいい」との対峙と葛藤、困難、「まきちゃん」としての在り方について真摯に向き合った軌跡（きせき）を綴っている。アイドルとして、またグループのプロデューサーとして、自分やグループが何をどう見せるのか思い悩むことは当然かもしれないが、「女の子」ではない、ことが何度もまきちゃんを惑わし、「女の子」であることはどこまで女性アイドルに求められるのかと考えさせられる。ファンやメンバー、友人など他者との関わりの中で、自分自身の変化を感じていくまきちゃんだが、それは同時にまきちゃんが周囲に与える影響によるものでもあるだろう。

アイドルとして発するメッセージは、規範を揺るがす可能性を見せる。

*

アイドルの女性らしさや男性らしさがパフォーマーのジェンダー・アイデンティティを表象する役割を果たすこともある。トランスジェンダーであることを公表した僕のアイドルストーリーの死に戻り、らいち。は、「男として青春を取り戻しにいく」ためにアイドルという表現方法を選択したという。「男としてやりたいことを考えたときに「アイドルになれば全部できる」って思ったんです。そのときは、メン地下のこととか本当に何も知らなくて。たまたまやったら、それだと後から知りました（笑）」（松原 2023）。

ジェンダーレスアイドルユニット Unlink Cherry のメンバー、ぷうたんはデビュー前から女性として生きていることを発信してきたが、二〇二三年二月、Instagram と YouTube で性別適合手術を受けたことを明かした(5)。アイドル活動以前より YouTube を中心に活動してきたぷうたんとぎんしゃむの二人は、アイドルとしてのコンセプトとして「自己肯定感を上げる」存在であることを挙げる。ぷうたんは「「男の子でもないし、女の子でもない」みたいな扱いを受けてきたからこそ、うちは傷ついた部分もあったし、気にしちゃうこともあって。でも、そういう子たちって、うちらのYouTubeを見てくれてる方にもけっこういるんですよ。おんなじ悩み持った子たちに「大丈夫だよ、もっと自分らしくいていいんだよ」みたいなエールを送ってあげたい。アイドルとして元気づけられたらな」と二〇二〇年のデビュー時に語っている（宗像2020）[6]。

## 「正統派」「清純派」を考える

アイドルに託されてきた記号のひとつに「正統派」や「清純派」という言葉がある。この言葉は、特に女性アイドルに強く結び付けられてきた記号であるが、男性アイドルを含めすべてのアイドルに清廉潔白であることが求められ、飲酒や喫煙、ヒゲ、染髪など多くのことが相応しくない、そのような立ち振る舞いはイレギュラーであるとされてきた。

ハロー！プロジェクトのメンバーとして活動し、小学生から二八歳になる現在までアイドルとして歩み続けてきた和田彩花は、ハロー！プロジェクトに所属をしていた当時、自分が思うメイクやファッションに対して、アイドルの持つイメージからかけ離れている、アイドルに相応しくないという理由で、ノーを突きつけられた経験を度々語っている。

（アイドルに対する疑問や違和感の）ひとつは、「アイドルだから清楚でなければいけない」「無垢でいなければいけない」と純粋な姿を求められることですね。言葉にして直接「純粋でいてね」とは言われないけれども、あるとき私がリップを濃く塗ったらそれを「不自然」と指摘されたんですよ。「その色は不自然だよ」「その濃さは不自然だよ」って。その、自然／不自然という概念が私にはわからなかったし、どうして私は「自然」でなければいけないんだろう？と疑問に思いました。（和田 2019）

アイドルの世界の「制限」に疑問を感じる和田は、その疑問を口に出すことで未来を変えようと試みている。

「アイドルらしからぬ」コンセプトや振る舞いを手段として、「正統派」アイドルに対抗し、ほかのアイドルとの差異化を図る演出も登場している。二〇一〇年代以降に限定すれば、それぞれ特徴は異なるが女性アイドルの場合、BiS、その後のBiSHを含むWACK所属のアイドル、スキャンダラスな手法を採用するプランクスターズなどが例として挙がるだろうか。そうしたアイドルたちは、これまで隠されてきた、時にタブーとされてきたアイドルが見せないようにしてきた部分をあらわにするという手法で活路を見出してきた。そうしたコンセプトや演出を知名度を高めるきっかけや活動の中のエッセンスとして、パフォーマンスや音楽への評価を獲得していくという面もある。

縛りがあるのがアイドルであり、その縛りを取り払うことが新しい武器にもなり得るという二面性は、やや歪でもあり、必ずしも良い方向に機能するばかりではない。しかし、縛りに立ち向かう手段としてのアイドルを示す先人の実践によって、その範囲を変化させることにはなるだろう。

## 存在しない「アイドルの枠」

アイドルという役割を担うことによって生じるさまざまな不自由さは、特にアイドル、そしてファンに対する、セクシュアリティへの抑圧または無関心、決め付けなどによって疑似恋愛や恋愛禁止というワードと共に発生してきた。本章では、そうした旧来の規範に対峙し、乗り越えようとしてきた現在のアイドルたちの姿について見てきたが、それは真に「自由」であるとはまだまだ言い難く、闘いや抵抗の最中にあると言っていい。しかし、その一方で「自由」

であることを演出とした上で挑戦していくことが、ある程度、また場合によってはかなり幅広く、可能になっているのが二〇二〇年代のアイドルであるとも考えられる。それはアイドルに課された不自由さへのアンチテーゼという体裁をとることによって、「アイドル」を大きく逸脱しない範囲内での逸脱として行われる。

わかりやすい例をあげるのであれば、恋愛禁止ではなく恋愛推奨を掲げたコンセプトやルール、観客に笑顔を向けることや露出のある女性らしさや男性らしさを強調する衣装などから一歩引いたパフォーマンス、メンバーの年齢や性別、また性表現を限定しない、などがそれにあたる。かつてのアイドルらしさからあえて距離を取ることで新しいアイドル像を提示する、という方法は二〇二三年現在、もはや特に新しいとも言えなくなった。それは本書Code0で見たようなアイドルの語りやすさが背景にあり、アイドルに対する目新しさや、「アイドルの枠を超えた」というような気軽な批評は、アイドルをよく知らずともアイドルのイメージを共有しているからこそ可能である。

アイドルを取り巻く不自由さは、意識されているか否かを問われることなく、どこかで培われてきたイメージによって、受け手にも送り手にも内面化されていると、本書の中で何度も確認してきた。しかし、そこに付されたネガティブな色合いを払拭（ふっしょく）する、またはこれまで当たり前として認識されてきたことの落差、ギャップを商業的な武器として取り込むことで自由さを表現することはひとつの手法として確立されている。その手法も「アイドル」という芸能ジャンルにおいて許されるのであるならば「アイドルの枠」とは、結局何なのか。

アイドルとして認められるための見えない条件がいくつも張り巡らされた中で、その条件に従っているつもりでも観客に受け入れられなかったり、逆に一線を超えることでファンからの手応えを感じたり、自分自身や自分の表現をどの程度見せるべきなのか、迷う場面をいくつも超えながら、自分なりの「アイドル」を見つけていく。そんな一進一退を繰り返すアイドルたちの実践が「アイドルらしさ」と「アイドルらしからぬ」のはざまで揺れる。

どこからどこまでがアイドルなのか。

注

（1）二〇二一年から組ごとの司会者を廃止、番組のロゴを明確に色分けされた二色の紅白からグラデーションの紅白に変更した。番組は「「多様な価値観」を認め合おうという思い」を込めたことを語っている。（「「紅白＝男女」変わるか「二分」に異論、制作側も議論」『朝日新聞』二〇二一年一二月二七日）

（2）ただしバブルガム・ポップのような明るいティーン向けとされるポップ・ミュージックなどアイドルの代名詞的に扱われる音楽ジャンルもある。

（3）ヒップホップ・アイドルについては二〇一八年当時の状況ではあるが高木〝JET〟晋一郎による音楽ナタリーでの連載「the scene of RAP IDOLS」が詳しい。https://natalie.mu/music/serial/7（最終アクセス二〇二三年九月五日）

（4）「私はずっと女性アイドルが好きで、女性アイドルになりたくて、学生時代に『モーニング娘。』のオーディションに応募したこともありました。ハロー！プロジェクトが好きだったんです」（八木 2019）

（5）ぷうたん Instagram 二〇二三年二月一五日投稿（https://www.instagram.com/p/Corn0-SpWND/）、ぷうたんとぎんしゃむ YouTube 二〇二三年二月一五日投稿「ぷうたんが性転換手術を受けることに決めました。」（https://www.youtube.com/watch?v=bUQsRsbXnpc）。その後、手術の影響によるぷうたんの体調不良や戸籍変更などについても度々動画などを通じて発信を続けている。

（6）一方で、アイドルとして求められる性表現と自身のジェンダー・アイデンティティが一致しないことへの困難ももちろんあるだろう。二〇二〇年六月まで「二丁目の魁カミングアウト」のメンバー、白鳥白鳥として活動していた志保は、自身のジェンダー・アイデンティティと向き合いながら「世間のイメージ、求められる像、そして本来の自分自身がちぐはぐになっていく感覚」を抱いたことを活動終了にあたって公表している。二〇二〇年六月二九日更新「『白鳥白鳥』グループでの活動終了に関するお知らせ」二丁目の魁カミングアウト 公式ホームページより https://www.gayidol.jp/contents/6657（最終アクセス二〇二三年九月五日）

Code
# 4

## 容姿を商品とすること
### ―― 可愛くてかっこいいアイドル

## ルッキズムとアイドル

二〇二〇年代に入って、ルッキズムについて、学術的な範囲にとどまらず一般的な関心が高まっている潮流を感じる。世間では「外見至上主義」として語られていることが多いが、そもそも「ルッキズム」とは外見を理由とした偏見や差別を指す。「外見至上主義」という言葉に寄った視点から言えば、容姿の美醜で人間の価値を判断する慣例に疑問を投げかけるのが世間的な「ルッキズム」が意味するところだろう。

本書での大きなテーマであるアイドルにとっても、ビジュアルの魅力、つまり視覚的に訴えかける魅力は、特徴的なものとされてきた。ここでは、アイドルと外見について考えてみたい。もちろん視覚を抜きにしてもアイドルを楽しむ、鑑賞することは可能であるが、アイドルを商品として扱う人々にとって容姿、化粧、髪型、体型、衣装などの視覚的な効果は欠かせず、外見はアイドルらしさを形作るポイントのひとつとなっている。その水準で論じると、まさにアイドルは容姿が評価基準の大部分を占めるとされており、ルッキズム的な批判の対象となるであろう。現状、そこまで問題視されている状況にはないが、アイドルという文化現象に向き合う時には、引っかかりを覚えることもあるに違いない。

＊

二〇二二年六月三〇日に放送された「news23」（TBS系列）内のコーナー「ウーマンタイムズ」ではルッキズムを特集し、和田彩花が女性アイドルが抱える問題について自身の経験からコメントしている。

私が一五歳でデビューしたときは、「日本一スカートの短いアイドルグループ」というキャッチフレーズがあったんですね。「なんで自分はこの短いスカートをはかないといけないんだろう」みたいなことをちょっと考え始めた時に、「このスカートが何を意味するんだろう」とかまで考えていて。誰かの理想像のために私はアイドルをやっているんじゃなく、自分の人生のためにやっていたからこそ色々悩んでいたのが一八〜二〇歳の頃にありました。

ここで、まず和田が論点に挙げているのは、衣装の問題である。アイドルの演出には、過度なジェンダー化を効果として扱う側面があり、フェミニンまたはマスキュリンな部分を強調する、あるいは性的に見せる衣装が度々登場する。

和田が所属していたスマイレージ（当時）は、当初〝なぜか〟スカートの短さをコンセプトのひとつとしていた。筆者の個人的な記憶と肌感覚にはなるが、当時和田ら、スマイレージはいわゆる美脚や色っぽさを売りにするタイプのタレント候補生でもなく、どちらかといえば子ども向けアニメの主題歌を歌うユニットを前身とする幼さや愛らしさを魅力に掲げたグループだったこともあり、この「戦略」はファンの目からもかなり唐突（とうとつ）で意図が分かりづらかった。二〇一一年の新メンバーの加入発表時には、衣装のスカートをハサミで短く切る（！）というパフォーマンスを行なったことが印象に残っている。単純に、数多くデビューするアイドルたちの中で差別化を図（はか）ってのことであったのだろうが、衣装による過剰な演出は、必ずしも着用する本人の意図を汲んでおらず、一人歩きしてしまう。観客の偏見を助長することもあるし、必要以上に性的関心を煽る客体にもなりうる。また和田は同番組で別の問題提起も行なっている。

中学生で演劇の仕事をした時に、自分は演技とかができなくて。演出家とか大人のスタッフから最後に手紙をもらって。「あなたは容姿がいいのにできることが少ないから、それが追いついてくれば素晴らしいよ」みたいに書かれていて。「できない子に対する言葉として、容姿を出す必要ってあるのかな」なんていうのは、今のこの空気になってからより考えるようになりました。

これに対して、作家の山崎ナオコーラは以下のように続ける。

「容姿がいい」っていうのが褒め言葉だから、差別のフレーズだっていうのに気づきにくいっていうのはありますよね。〝良いこと言ってる感〟というのが出るけど、文脈で見るところこれは「差別の文章」になっているなっていうのは結構世の中すごくいっぱいあって。逆にブスとかの方がはっきりと差別と分かるけど、「美人」「容姿が良い」とかだと、差別に気づきにくいというのがあるんだろうなと思います。

容姿に対する美醜という視点からの評価は、アイドルとして、またアイドルを志す上で重視されてきた。「可愛い」や「かっこいい」「美しい」は褒め言葉として受け取られることがほとんどであり、高評価の証(あかし)である。しかし、よく考えてみると、アイドルに対する外見への差別は、まさしくここに集約されているのではないか。ここに含まれる問題はひとつではない。アイドルに対しては容姿を評価してもいいという無邪気な共通認識、そして、アイドルの容姿は美しくあるべきであるという圧力、さらに、容姿の美しさに絶対的な価値を置くことで発生する偏見、美しさが評価されているのだからその評価に甘んじてそのほかのことは我慢すべきであるという抑圧などが複雑に絡み合いながら、「気づきにくい」差別が生み出されている。

美しくあることに伴う生きづらさは、なかなか認識されにくい。それは「外見至上主義」の文脈からすると、上位にある立場であり、差別や偏見の対象とは真逆であると考えられているからである。美しいと評価されても、美しくないと評価されても、アイドルにとってはスティグマとなりうる。哲学者の千葉雅也は、「女性にせよ男性にせよ、それ以外のジェンダーのあり方にせよ、容姿への眼差し、すなわち、自他の「形態」への眼差し——さらに言えば、視覚以外による知覚——をめぐる悲喜こもごもに、人間はいつまで関わり続けるのだろう」と雑誌『ユリイカ』の特集「イケメン・スタディーズ」の巻頭言に綴っている（千葉 2014: 8-9）。なかでもアイドルは、容姿をめぐる「悲喜こもごも」に公私を問わずがんじがらめになりやすい。

## 「クラスで○番目に可愛い子」「ビジュがいい」「顔ファン」

アイドルや「推し」を評する言葉として、容姿を褒める表現は近年さまざまなバリエーションの語彙(ごい)で語られている。「顔がいい」という表現は、特に汎用性が高く、一〇〇円ショップで手に入るような推し活グッズにもそこかしこに踊っているし、同義の言葉として「ビジュがいい（ビジュアルがいい）」「お顔が天才」「顔が強い」など、ファンダム内では容姿の魅力を的確に表現するジャーゴンが日々開発され、嬉々として使いまわされていく。また、顔にフォーカスするのみならず「スタイルおばけ」「股下五メートル」など身体的なバランスについても言及され、主に小さい顔や、長い脚、細身などを基準として、その美しさが話題とされる。

しかし、アイドルは容姿の美しさのみに商品価値を置く芸能ジャンルではなく、何らかの美しさの基準に則った「美人」の専門家は、ほかのジャンルの表現者や、芸能以外の職業人に当てはまる。しかし、アイドルの容姿は疑いなく評価の対象とされ、魅力を語る上で欠(か)かせないポイントであり、なかでも顔に注目が集まりやすい。

その一方で、アイドルが容姿の美しさの専門家ではないのだということも度々強調される。二〇二三年八月六日に放送された「まつもtoなかい」（フジテレビ系列）に登場したモーニング娘。の九期メンバーである譜久村聖は加入時にプロデューサーであるつんく♂より「モーニング娘。はクラスで一番かわいい子じゃなくて二、三番目の子が入る」と話されたことを語り、つんく♂本人もそれに対して「可愛い子で選んでくのは、結果、同じような子でそろってしまって、のびしろみたいのがなくなるかもしれませんね」とグループ内のバランスや変化に言及しながら、審査の基準となるであろう自身の考えを明かした。ほとんどは都市伝説的な言説というが「クラスで○番目に可愛い子」がコンセプトであるとされている女性アイドルは複数存在する。[1]

そうした噂が納得されるように、アイドルの容姿は何らかの水準でランク付けされていることは確かだが、決して美しさが突出しているわけではない、というようなステレオタイプの中で評価されている。ゆえに美しさが突出しているアイドル個人については、「ビジュアル担当」(=グループ内で容姿が秀でて美しい)や「顔面国宝」という言葉で容姿に特徴があることが強調される。

ここでいう「可愛い」や「かっこいい」の基準は特にはっきりしていない。美しいとされる顔の特徴は時代や流行によっても異なり、主にメディアの作り出した「可愛い」や「かっこいい」に左右されているとも言える。また突き詰めれば、個人によっても容姿を高く評価する基準は異なり、「好きな顔」「お顔がタイプ」などとして、個人的に好ましい容姿であると言葉にすることもある。

おそらくアイドルには、既存のルッキズムを後押ししない部分もあるだろう。つまり、個々のアイドルの存在によって「可愛い」や「かっこいい」の幅が押し広げられたり、変化してきたという点から見れば、「可愛い」の基準がアイドルによって築かれている場合も多分にある。例えば、人気のあるアイドルの顔やスタイルの特徴が、これまでに評価の対象とされてこなかったとしても、「可愛い」や「かっこいい」の新しい評価軸になることでそれまでネガティブな評価を与えられていた身体的な特徴が見直されるという現象は、大小を問わず度々起きているのではないだろうか。

また、一方で、容姿を一番の魅力と捉えて特定のアイドルのファンになることを良しとしない傾向もある。もともとアイドルファンなどが、バンドなどの形態で活動する歌手やお笑い芸人など、アイドルとは異なる芸能ジャンルのアーティストについて、容姿を評価してファンになることを揶揄する意味で「顔ファン」という言葉が使われていた。その後、巡り巡ってアイドルファンの中でも否定的な意味で「顔ファン」が使われるようにもなる。その背景には、「顔」で評価するということは「顔」以外の魅力を深く理解しておらず、知識の浅い〝ニワカ〟ファンであるという認識がある。容姿は文字通り表面的な要素でしかなく、視覚のみでアイドルの良し悪しや好き嫌いを判断することはまことに失礼で、浅はかである、ということだろう。そうした認識を加味した上で、ファンがあえて自分を「顔ファン」と自称することもある。その場合は、容姿が好きである、容姿の情報しかない、ということを謙(へりくだ)って、または開き直って、説明する時に用いられる言葉となる。

容姿が魅力の一要素として注目を集める芸能ジャンルでありながら、容姿のみを評価することについては否定的なまなざしが向けられる。その裏返しとして容姿を褒めるジャーゴンが次々と生み出されているとも言えるだろう。表面的に容姿を褒めているのではなく、非常に積極的に容姿を評価し、魅力として捉えているのだということを表現することによって、アイドルの容姿に向けられる視線をポジティブなものとして捉え返すような意図が含まれているように思う。

## 容姿に対するネガティブな評価

アイドルの魅力の一要素として容姿が挙げられるということは、一方では、ネガティブな評価を下(くだ)される場面も発生する。例えば、魅力的な容姿ではない、と判断された場合には、容赦なく、ファンではない層からも気軽に侮蔑の言葉が投げかけられたり、容姿を〝いじ〟られたりする。アイドルなのに「可愛」くない、「かっこよ」くない、という評価になり、容姿を面白おかしく茶化されることになる。

二〇〇〇年前後にモーニング娘。やハロー！プロジェクトのメンバーがバラエティ番組やバラエティ要素の強い音楽番組で、度々〝いじり〟の対象になっていたのは、当時の視聴者には印象的であっただろう。そうした演出においては「可愛い」メンバーとそうではないメンバーの区分けがはっきりなされ、「そうではない」との烙印を押されたメンバーは笑いの対象となる。容姿をフックとして笑いを誘うことは、一般的には嘲笑の態度と捉えられるが、テレビの演出においては視聴者に印象づけられるという意味で、「おいしい」という言葉が使われる。容姿に対する差別的な態度を演出効果とすることは、差別的な視線を助長するという点において、非常にルッキズム的な問題を含んでいる。その是非は問われるべきだが、アイドルの容姿を中心とした演出は、必ずしも美しさのみを印象付けるわけではないということを確認したい。つまり、ネガティブな評価を逆手に取る手法も度々取り入れられるのである。

Kis-My-Ft2（略称は「キスマイ」）は、グループに対する「ブサイク」という世間の「陰口」を企画の発端とした冠番組「キスマイBUSAIKU !?」（その後「キスマイ超BUSAIKU !?」、フジテレビ系）で長年多くの視聴者およびファンを獲得してきた。同番組では〝脱ブサイク〟を掲げて、各メンバーがセルフプロデュースした恋人とのさまざまなシチュエーションでの振る舞いを女性に評価してもらうという形式をとりながら、各回ごとにメンバーをランク付けする。それは、あくまでも振る舞いが評価対象であり、ブサイクであるか否かは容姿とは直接関係がない。しかし、度々低評価を得るメンバーが、ステージパフォーマンスでも目立たないパートを担当する「後列」メンバーであることと重なり、該当する四人は「舞祭組」（読み方：ぶさいく）という別ユニットを結成した。

モーニング娘。らの例も同様だが、「可愛くない」、「ブス」、「ブサイク」という烙印を押されることと、その当人の容姿が実際に美しいか否かということは、基本的には関係がない。しかし、メディアを通じて「美しくない」というレッテルを貼られることによって、彼らは「美しくない」とジャッジして良いとみなされうる存在になってしまう。知名度や商業的な成功を獲得する上では、ほかのアイドルやタレントとの差別化や視聴者へのインパクトという点で有効な手段なのかもしれない。しかし、その陰で、当人に対する差別や偏見を肯定してしまうことや、彼らの容姿を（容姿のみを評価するのではないにしても）好むファンの存在をも否定してしまうことにつながりうることにはあまり目が向けられていない。

＊

須田亜香里はSKE48のメンバーであった時代に「ブスいじり」を経験し、その後、著書『コンプレックス力――なぜ、逆境から這い上がれたのか？』の帯にも「ブスから神7!?」と大きく書かれたほど「ブス」という言葉と結びつける見せ方の中にあった。当時を振り返るインタビューの中で、須田は大きなショックと悲しみを語っている。

SKE48メンバーの私がAKB48の選抜メンバーに混ざったときに、人から「ブス」と言われるようになって。最初は「え? 誰のことを言っているんだろう」「私がブス? そんなのウソ!」って信じられなかった。ショックだけど、聞こえないふりをして、でも心はしっかりとダメージを受けている。そんな状態でした。(須田 2017)

また、そのような経緯から自宅で泣いている須田の隣で、テレビの演出や著書の帯を見て怒りを露わ(あら)にする家族の様子についても語られている。いうまでもなく、個人を「ブス」と名指すことは多くの人を傷つけることが明らかである。須田は、所属事務所のスタッフなどから「ブス」と言われることが「武器」であると伝えられ、自身の中でも徐々に「「ブスなアイドル」ではなく、あくまでも「〝ブスと言われている〟アイドル」という肩書」が芸能活動における利点であることを見出していったという。

プロの芸人さんが私に「ブス」と言うように仕向けるだけで、お互いの空気感や関係性が生まれて、周囲が笑ってくれたりハッピーになってくれたりしました。私のキャラクターを活かすだけで、みんながこんなに笑ってくれるんだ！と思ったとき、うれしかった。それまでは「自分のすべてが嫌い」と思っていたんですけど、まわりが笑顔になってくれることで、自分のことを嫌いじゃなくなりました。（同前）

テレビを基準としたアイドルの見せ方がテレビを離れても有効であるのはここでも変わらない。容姿を基準とした〝陰口〟は、「武器」になり、キャラクターとしてであれば、アイドルに「ブス」や「ブサイク」という言葉が付されても問題ないことになる。そうして出来上がったキャラクターについては、ライブやオンラインなど、テレビ以外の場においてもいじる構図が温存される。極端な例ではあるが、ロンドンブーツ1号2号田村淳のオンライン企画「淳の休日」からデビューしたアイドル、スルースキルズは「世界初・罵っていいアイドル」をコンセプトに掲げ、容姿を対象とした言葉を含む罵声をファンが浴びせることが大きな特徴となっていた。ルッキズムに注目が集まることで、表立って外見を貶（けな）すような言動は避けられる傾向にあり、「ブスいじり」も今となっては時代錯誤と感じる人が増えているかもしれない。しかし、これまでアイドルの容姿に対するまなざしは、無遠慮で一方的であり、気軽に評価できる対象という認識によってマイナスの言葉も無邪気に投げかけられてきたのである。

## 「相対的なかわいい」より「絶対的なかわいい」

ここまでみてきたように、「可愛い」か「可愛くない」か、「かっこいい」か「かっこよくない」か、という容姿への評価で判断されるという点においてアイドルはまさしくルッキズムの渦中にあるが、マネージメントする立場やファンの目線では、容姿が最優先で重視される、とは必ずしも言い切れない。つんく♂の審査基準においては、可愛さよりも「のびしろ」が重視されており、さらにこの発言の前には協調性を見ているという語りもあった。「顔ファン」という言葉がネガティブな意味を持っているのは、あくまでも「顔」は魅力のひとつであって、ファンであれば容姿以外のさまざまな点に魅力を感じるものであるという前提が共有されているからであろう。くり返しになるが、そもそもアイドルを評価する上での美しさの基準は曖昧であり、個々のアイドルが持つ外見的特徴が新しい基準になることも多々ある。

二〇二二年にデジタルリリースされた、女性アイドルグループFRUITS ZIPPERの「わたしの一番かわいいところ」という曲は、アイドルとファンの関係性において、アイドルの中に生じる思いを歌っている。この曲の歌詞にも表現されているように、ファンにとって自分の好きなアイドルへの「可愛い」という目線は、ごく私的な感情に基づくものであり、そもそも容姿の評価であるとも言い切れない。この曲の作詞家、ヤマモトショウへのインタビュー記事にも

「相対的なかわいい」より「絶対的なかわいい」という言及がある。

――アイドルって相対的なかわいさで語られることが多いですけど、「わたしの一番かわいいところ」は絶対的なかわいさを歌っていて、みんなが希望を持てるなと思いました。（ヤマモト）まさにそういう曲を作りたいなと思っていました。アイドルの子達と話していると、彼女たちが一番イヤだったり辛く感じたりすることって「隣にいる人と比較されること」なんです。それはどうしても仕方ないんですけど、だからこそファンだけは一番かわいいと思ってるべきじゃん、実際にそういう空間を作ってくれていることはすごいことだよ、と伝えるべきだと思いました。（ヤマモト 2022）

テレビを中心とした容姿への〝いじり〟や侮蔑は、特に同じグループの中のほかのメンバーと比較することで行なわれており、曖昧な基準の中で誰々が美しいと断定することによって、その基準に当てはまらない誰かを逸脱した存在として笑う仕組みが出来上がっていた。しかし、そうした相対的な「可愛い」ではなく、誰とも比べることのない絶対的な「可愛い」こそがこれからのアイドルファンダムにはフィットするのかもしれない。「顔面国宝」は誰もが認める美しい容姿を意味する表現であったが、今はそれぞれのファンの個人的な思いに紐（ひも）づいて使われているようにも感じる。
先述の「わたしの一番かわいいところ」の歌詞では、ファンが、好きなアイドル（＝「推し」）に対して「可愛い」と肯定の言葉を投げかけると同時に、アイドルはファンに対して「可愛い」ことに気付いていることを「すごい」と肯定し、自身の「可愛い」ところにも気付く。他己肯定の応酬（おうしゅう）によって高まる自己肯定感、という物語はどこまでもポジティブだ。容姿を評価するという意味での「可愛い」に限定されてはいないが、「可愛い」という言葉を使うことによって暗に容姿を褒めているというメッセージも忍ばされる。

＊

同曲の制作については、プロデューサーの木村ミサは、TikTokでバズる、端的に言えばオンライン上で高い注目度を得、商業的な成功を収めることをある程度狙っていたことを明かしている。(2) マジカル・パンチラインのメンバーでありプロデューサーの沖口優奈との対談では、TikTok上では「可愛い」とその受容の応酬が成立しやすかったことを振り返っている。

詞のコンセプトとして、アイドルとファンの方との関係を書いていただいているんですけど、ファンの方がアイドルにいっぱい〝可愛い〟って言って肯定してあげたら、アイドルも自信を持って、《わたしもそれに気付いた！》みたいな、そういうハッピーな関係を描きたかったんですよ。そういう部分はアイドルがTikTokでやりやすかったのかな、とはむっちゃ思ってて……。でも、〝私の1番可愛いところに気づいてる？〟みたいな感じで、TikTokとかアイドルとかインフルエンサーがファンの人に投げ掛けられるものになったのがラッキーだったなって。それでファンの方も、〝1番可愛いよ！〟とか、わかりやすく褒めやすい状況になるから、どっちもWin-Winの関係ですよね。しかも、TikTokに乗せる時に、めっちゃ自分の1番可愛いところを見せようと思って撮ってくれるから、ファン受けがめっちゃよかったんですよ。（木村 2023）

この「ハッピーな関係」が「付き合ったりは無理ごめん」と旧来の疑似恋愛的なイメージを軽く交わしながら、それを飛び越えて得(え)られる楽しさを強調している部分にも注目したい。言ってしまえば外見を楽しむとも取れるような構図ではあるが、「可愛い」を媒介にしてポジティブな感情のやり取りを発生させることを楽しんでいる。

## 自撮り、整形、公開ダイエット

ただ一方で、相対的な「可愛さ」の呪縛がなくなることはなく、ほかのアイドルと比べての「悲喜こもごも」から解放されることは難しい。数多く存在するほかのアイドルを全く意識しないことはほとんどないだろう。アイドルらしいと評価される容姿を保つ上での工夫や尽力が求められる一方、美しい容姿を持つことは当然であるとして、武器にもならない。アイドルはどのようにその呪縛に立ち向かうのか。

ＳＮＳが普及した現在、女性アイドルの分野を中心に、ほとんどのアイドルがＳＮＳにカジュアルに撮影した顔写真を掲載しており、さらに、事務所などにその撮影と掲載が厳しく義務付けられているケースも少なくない現状がある。主（おも）に「自撮り」と呼ばれるスマートフォンなどのカメラを自分自身に向けることで撮影する形式の顔のアップ画像が多く公開されているが、「可愛さ」にとらわれる余りに自撮りに施す加工が多くなっていき、直接会うのとＳＮＳに掲載してる自撮りとで顔が違う、というような実情もある。

こうした加工で目指される美しさについて、「盛り」を研究する久保友香は、絶対的な「良い顔」ではなく、所属するコミュニティを基準とした相対的な「良い顔」であることを指摘している。

> ナチュラルなビジュアルに執着しない日本の女の子たちが、バーチャル空間上のビジュアルを、所属するコミュニティの基準に従って相対的に作る行動が「盛り」である。「盛り」はコミュニティとの関係の中で行われるものである。（久保 2019）

彼らは、デジタル技術に限らず、メイクも含め加工された顔、「バーチャル空間上のビジュアル」の完成を目指しており、生身の身体がより良く変化することを重視しないという。久保が主に注目するのは、「一般」の人々であるが、もともと「バーチャル空間」を活かして多くの人とコミュニケーションをとるのは、「テレビや雑誌に登場する芸能人」などであったという。アイドルについても「芸能人」として、相対的な「良い顔」に固執する傾向を否定できない。そして同時に、ライブやイベントで、直接、間近に見られる機会を数多く有するという点で「ナチュラルなビジュアル」の向上をも迫られる。実際にノーメイクであるかはともかく「すっぴん」の公開や、加工のない「ノーマルカメラ」（スマートフォンに標準搭載されているカメラ機能）で撮影した画像を見せることで、盛らずとも「良い顔」であることをアピールするような投稿は、一般的にもちょっとした流行になっている（ノーマルカメラでの「盛り」を目指す向きもある）。

久保が「シンデレラテクノロジー」と呼ぶ「盛り」技術は、アイドルの相対的な「可愛さ」の形成にも必要不可欠となっている。(3) その中でも「つけまつげやカラーコンタクトレンズなど生体を模倣するプラスチック成形技術」としての「プラスチックコスメ」はステージメイクとしても、画面を通さずに見られる場においても重要だ。「つけま」(つけまつげ)よりも耐久性のある「まつエク」(まつげエクステンション)や、自然に黒目を大きく見せるカラコン、二重をはっきりさせるアイプチやアイテープ、大きな目を強調する涙袋メイクなどは、「可愛い」とされるアイドルにも必須のテクノロジーとなっている。さらに「ナチュラルなビジュアル」に変化をつけるために、小顔矯正や歯列矯正、歯のホワイトニングなどが身だしなみとなり、高価な美容皮膚科での施術や美容整形も地続きにある。知らぬ間に行なわれるアイドルの整形手術を揶揄する声はあるが、反対に整形を公開しているアイドルも少数ではない。

＊

大桃子サンライズは、アイドルとして活動する前に整形を公表しているが、顔を中心に評価が動く世間を痛感する中で整形は「生きる手段」だったという(大桃子 2019)。整形手術を受けたことで「幸せ」ではあるというが、容姿を中心とした価値観への疑問は常に残る。また、アイドルになったことで相対的な可愛さの基準に向き合いながら、絶対的な可愛さを実感したいという思いもある。

――…整形をした今、幸せですか？

もちろん幸せです。でも、アイドルをしていると周りにかわいい人がたくさんいるから、まだ自分に自信を持ちきれない部分もあって。一生に一度でいいから、自分の顔を好きって思ったり、人と同じくらいかわいいって思いたい。人から思われることはどうでもよくて、自分がそう思いたいんです。私の努力で最大限かわいくなれば、「自分の好きな顔だからいい」って初めて心から幸せを感じると思います。（同前）

アイドルに対する容姿への評価の目は、体型にも向けられる。振付師の竹中夏海は、アイドルの健康や身体作りが軽んじられている傾向に触れながら、痩身と体重制限の問題に目を向ける。韓国の女性アイドルは、細い手足や腹筋、薄いウエストが「必須条件」とも言える環境にあるが、「日本のアイドルはその基準がもう少しゆるいというか、体型管理に関しては基本的に各々に任せている印象が強い。（中略）日本では多少丸みのある体型にも好意的なファンは多く、さらに小柄な女性アイドルの需要も高い」（竹中 2021）。「体型の多様性」が日本のアイドルにある程度認められているのは、確かに体型が揃っていることの多い韓国のエンターテインメントと比較すると如実であろう。日本においては、ひとつのグループの中にさまざまな体型のメンバーが属していることは珍しくなく、それもまた演出になっているケースもある。また男性アイドルについて言えば、一般的に異性愛の文脈で好ましいとされる高身長や筋肉質の体型が必ずしもアイドル的な容姿ではなく、小柄な男性アイドルも数多く活躍する。また、やや最近の傾向ではあるが、高身長の女性アイドルはかつては少なかったものの、現在は一七〇センチメートルを超えるアイドルも少なくはない。

と、現状を評価しつつも、竹中は「実際は感覚のアップデートが足りていない問題」もあるとして「公開ダイエット企画」の危険性を指摘する。挙げられている事例では、基準となる体重を上回るメンバーに対して経済的な負担を強いる、デビュー契約を結ばないなどで、本人たちに多大なプレッシャーを与えている。そこで基準となる体重は、いわゆる標準体重よりも軽いもので、ペナルティを受けたメンバーはそれを僅かに超えるだけの標準体重以下の体型をしているにも関わらず、「ブタ」などの蔑称を与えられる。「ブスいじり」と同様の演出ではあるが、そもそも太っていることが悪いことである、ペナルティの対象、ひいてはプロ意識が足りない、などの構図を内面化する企画であると竹内は説く。

また一方では、二〇一三年にavexからデビューしたChubbiness（チャビネス）など、太っていることをコンセプトにするアイドルも活動してきた。[4] 現在も活動するグループのひとつであるびっくえんじぇるは、@JAM EXPO2023のメインステージ出演者を決めるコンテスト「夢の砂グランプリ2023」にエントリー、審査対象となる動画に「おデブだからアイドルになれないって誰が決めたの？／痩せたら認めてもらえるよなんて言葉もううんざり／私達は私たちらしく走り続けることに意味があるんだ／誰も走ってない、この道を。」（表記ママ）と思いをのせた。二〇一二年に端を発するボディ・ポジティブムーブメントに、日本では「日本初の〝ぽっちゃり女子〟のための本格ファッション誌」『la farfa』（文友舎）創刊が二〇一三年と、「ぽっちゃり」アイドルもそれに呼応して続いてきた。しかし一方でダイエット企画や、無理な体重制限も続き、グループに一七〇センチのメンバーはいても一〇〇キログラムのメンバーがいる例は限りなく少ない。痩身のデジタル加工を施されたと思われる「他撮り」や、急な体型の変化などを目にすると、アイドル文化にまだまだ根強いルッキズムの影響があるように感じられる。

## アイドルッキズムはあるか

ルッキズムをめぐる議論のなかで、種々のトピックについて、応用倫理学や差別論を専門としている堀田義太郎は「ほとんど全ての差別は視覚的ないし聴覚的に認識可能なマーカーによって人々を区別しますので、単に「外見に基づく」という捉え方だけでは解像度が粗すぎるというか、全てがある意味ではルッキズムと言えてしまい、個々の差別や抑圧を構成しているロジックや制度、それらのつながりが見えにくくなってしまう」と指摘している（堀田2019）。

アイドルを抑圧するルッキズムを論じる上でも、ジェンダー、セクシュアリティ、セクシズムの問題があり、アイドルというコミュニティの中での美しい容姿の基準があり、それに基づくバイアスがあり……、と複雑に課題が絡み合っている。ここでは十分に触れることは難しいが、そもそも「可愛い」とはどういうことなのか、といった学術的な分析の視点も必要だろう。またレイシズムの問題もある（海外の日本式アイドルファンダムでは「日本人」こそがオーセンティックなアイドルとされることがある）。

見た目でジャッジすることを疑問視しつつも、基準となるような身体的な特徴はあるようでなく、ないようであるような状態で、基本的には多様な容姿が受け入れられている。しかし、同時に数多（あまた）いるアイドルの中で容姿を比べられることは日常的に発生し、写真や映像を通じて自分の身体を度々見る必要があるため、容姿から目を逸らすことが限りなく難しい。一方で、顔や目元を覆うコスチュームで活動しているアイドルも存在し（桃知みなみ、パピプペポは難しいのドン・グリ、・・・・・・・など）、すとぷりのようにライブ以外では素顔を明かさずイラストキャラクターのビジュアルが活動の中心にある場合もある。それも含めたさまざまな観点から、アイドルと見た目をめぐる問題は、ルッキズムの問題として議論が求められると言えるのではないか。

また、これまで容姿の美しさの視点で論じられるルッキズムが女性を対象とした、セクシズムを背景に抱える場にあったのに対して、アイドルの場合、見られる客体は女性に限らず、また見る主体も男性に限らない。千葉雅也は、「日本の(主に異性愛の)男性は、九〇年代末以降にイケメン認定が氾濫するなかで、画期的に(これは一仮説ですけど)、従来の〈容姿を見られ評価されることを女性に比べて弱い引き受けで済ませつつある女性の容姿を見る主体〉であるという特権、そのつもりであるという特権を、どんどん剥奪されていった」という消費対象としてのイケメンへのまなざしについて話している(千葉2014)。あくまでも見られる存在であるアイドルとは、ジェンダーやセクシズムを撹乱(かくらん)するような存在でもあるのかもしれない。

最後に外見の美しさが時に差別や偏見の対象になることにも目を向けたい。『まさかな恋になりました。』(邑咲奇・作、小学館)や『ブスなんて言わないで』(とあるアラ子・作、講談社)など外見が美しいとされる登場人物の生きづらさを描いたマンガは数多く存在するが、フィクションの世界のみならず、容姿から性格や性質、得手不得手、好みなどを邪推され、決めつけられるということは起こりうるだろう。アイドルとして容姿を商品化することでその呪縛から逃れるケースもあるかもしれない。容姿へのまなざしという暴力性のなかで生き抜くアイドルのルッキズムは、常に新しい課題と葛藤を孕みつつ、先へと進む。

注

(1)桑田靖子のキャッチフレーズとされる「クラスで5番目に可愛い女の子」は公式ではないと本人が否定している。「〇。キャッチフレーズ？ 笑」https://ameblo.jp/kuwata-yasuko/entry-12005203264.html（二〇一五年三月二四日公開）（最終アクセス二〇二三年九月六日）。また、秋元康は、二〇一五年二月二〇日放送のテレビ番組「アナザースカイ」（日本テレビ系）でＡＫＢ48に対する「クラスで3番目にかわいい娘を集める」というコンセプトが実際にはないと語った。

(2)「意識していたのは、「思わず踊りたくなる楽曲」と「アイドルファンがTikTok動画で使える楽曲」ということでした。『わたしの一番かわいいところ』はネガティブな歌詞がなく、たくさんの〝かわいい〟という言葉が登場し、「アイドル全肯定」の歌詞になっているのが大きな特徴です。そのため、アイドルファンの方も自分の〝推し〟を応援するために、TikTokで使いやすい楽曲だったことも、話題を喚起することができた一つの要因だと考えています。」（木村 2023）

(3)「女の子たちの「盛り」の基準には、大きく三つの技術分野が関与している。第一は、ブログのような、インターネット上のコミュニケーション技術。第二は、自分を撮影して加工する、デジタルカメラ技術やデジタル画像処理技術。第三は、つけまつげやカラーコンタクトレンズなど生体を模倣するプラスチック成形技術。この三つの技術分野を、私は「ソーシャルステージ」「セルフィーマシン」「プラスチックコスメ」と名付けて、併せて「シンデレラテクノロジー」と呼んでいる。」（久保 2019）

（4）二〇一九年解散。「日本初！ 痩せたらクビ！ 太りすぎてもクビ！ エリートぷに子集団!! Chubbinessとは『ぷに子が日本をHAPPYに』を合言葉に、2013年6月にavexとCanCamが手を組んで開催した「全国ぷに子オーディション」で約3500名の中から選ばれた個性派揃いの9人組。」Chubbiness公式サイトより https://avex.jp/chubbiness/profile.php（最終アクセス二〇二三年九月六日）

Code

# 5

## 年齢を重ねるということ
### ——アイドルとフレッシュさ

## 年齢の呪縛　アイドルの適齢期？

何歳まで「アイドル」を名乗れるか。アイドルと年齢の問題は度々槍玉に上がる。

アイドルは年齢をどう考えたら良いのだろうか。例えば、二〇代前半、高校を卒業して大学に進学した学生が大学を卒業する頃、世間一般では「社会人」になるとされるタイミングでアイドルではなくなることを意識する人もいれば、実際に大学を卒業するタイミングでアイドルを「卒業」する人もいる。また、二〇代後半、結婚や家庭を持つこと、妊娠や出産が徐々に話題になる頃、アイドルではない道を模索したり、アイドルを名乗ることに対して自虐的になったりすることもある。三〇代はどうだろうか。三〇代はアイドルに似つかわしくない年齢というレッテルを貼られてきた。実際に、三〇代でアイドルとして活動する人は、一〇代二〇代に比べて少なく、年齢を公表していないケースもある。四〇代以上は、もはや「アイドル」という呼称が取り払われることもある。本人は「アイドル」を名乗っていても、メディアではグループ名やそのほかの専門分野で紹介される。または「永遠のアイドル」という形で過去の栄光を引き受けるような立場に置かれることもある。

アイドルが年齢と向き合う時、多くはアイドルとしての引き際を考えるよう促される。アイドルには明文化されない年齢制限があり、「三〇歳になると同時に肩を叩かれているのだろうな」と観客が想像するような去り方も少なくない。そもそも明文化されないとは言ったものの、オーディションの募集要項には、性別とともに年齢が記載されている場合がほとんどである。

*

例えば、二〇二三年に開催された「ハロー！プロジェクト25周年記念新メンバーオーディション」では、「2023年6月時点で小学4年生から高校2年生までの日本在住の女性」、つまり九歳から一七歳が対象であった。二〇二二年開催の「櫻坂46新メンバーオーディション」は「満12歳～満20歳までの女子」、スターダスト主催の「スター☆オーディション」で「俳優・女優・モデル・タレント・歌手・アイドル」部門は「10歳～22歳」だが、「EBiDAN AUDITION 2023」では「満6歳～18歳までの男性」が対象になっている。ジャニーズ事務所は明確なオーディション要項を出していないが、一八歳以上での採用は珍しい。また二〇二一年、「ジャニーズJr.の活動において、一定の年齢制限を設ける」ことが発表され、「満22歳到達後の最初の3月31日までに、ジャニーズJr.としての活動継続についてジャニーズ事務所との合意に至らない場合」、ジャニーズJr.としての活動は終了、とされた。つまり、ここに挙げたような「大手」と言われる芸能事務所の場合、アイドルとしてのキャリアは一〇代までにはスタートするべきで、二〇歳前後までにある程度の経験や知名度などを得ていなければ、まずチャンスを得ることが難しいとされている。

モーニング娘。の初期メンバーである中澤裕子は二四歳でデビューしているが、活動当時はそれは例外的で、最年長であること、二〇代後半であることに話題の焦点が当たり、面白おかしく茶化(ちゃか)されることも多かった。一方で、現在はAKB48の柏木由紀が三二歳のグループ最年長として活動しているが、テレビやメディアの演出の変化もあり、中澤の時のようなネガティブな見られ方は少なくなっているように思う。もっとも柏木は一〇代にデビューしており、どちらかというとキャリアを積んだベテランとしてのイメージが強い。

デビューの年齢について考えてみると、ジャニーズで言えば、二〇代後半でようやくCDデビューしたというタレントはもはや珍しくなくなった。そこにはもちろん性差もあるが、ジャニーズの場合、ジャニーズJr.としての活動期間が長いことを意味しており、デビュー前にも既にアイドルとしてのキャリアはスタートしている。いずれにせよ、アイドルと「若さ」は明確に結びついており、アイドルとして活動を始める、そしてアイドルとしてのキャリアを続ける上で、年齢は関係ないとは決して言い切れない。

アイドルに紐づいている「若さ」の問題は、単純に年齢が若ければ若い方が良い、という素朴な物言いに見えるが、その背景にはさまざまな理由がある。年齢が若い方が「良い」のであるとすれば、それは前章で見たような容姿の問題があるだろう。シワのない若々しい肌や、溌剌とした顔立ちが美しさの要素であるとするならば、年齢の若さは「武器」になる。そして歌唱とダンスを同時にこなす運動量の多さには一般的に体力が求められる。年齢を重ねていてもキャリアのあるアイドルの場合、身体的なトレーニングによってパフォーマンスは十分に支えられるであろうが、負担は年々大きくなる。

またスタート地点においては、——アイドルや芸能活動に限らず、日本の就労環境において言及されがちな事柄として——、パフォーマンスにまだクセがなく、より良いパフォーマンスへと変化する兆しを秘めている、チームで仕事をする際に組織のルールや様式を飲み込みやすい、などの点で若さが求められることがある。ただ、この若さにはある程度の限界があり、未就学児や小学生など低年齢での活動には多くの制限があることには留意が必要だ。また若いアイドルほど耳目（じもく）を引くと言われることもあるが、実際には低年齢のアイドルグループは小児性愛を連想させ、観客に敬遠されることもある（アイドルに「疑似恋愛」のイメージが根強いことを意味する）。一〇代前半でのデビュー時に年齢を公開しないケースもあるが、オーディションの要項から計算してみると、事務所側も一五歳から一八歳くらいでのデビューを想定しているのではないかと考えられる。

田島悠来によれば、七〇年代のアイドルは、異性の疑似恋愛の対象というよりも、性別を問わず、若年層のファンからすれば同世代の親しみやすさを持った友達や仲間として、また親世代からは理想の子ども像を体現する仕掛けが雑誌メディアには数多く散りばめられていたという（田島 2022: 160-162）。その後は、ジェンダー化の潮流の中で性愛の対象であることを意識するような企画や演出が増えていくことが指摘されているが、当時の「若さ」を象徴するような青春スターとしてのアイドルのイメージもシンボルとして作用しているだろうか。年齢が持つイメージを託され、それを魅力として読み替えられることは、現代にも続いており、それこそがアイドルがエイジズムの産物として見られている証左(しょうさ)なのかもしれない。

## 利用される年齢

アイドルが自己紹介をする時に年齢に言及するということは、よくあることだろう。若いことに驚かれて両親の年齢も尋ねられたりする。また、年長であれば、リーダーなどのまとめ役と推測される。見た目に反して実年齢が若かったり、年上である場合には「見えないね〜」と言われるのがメディアなどでの話題の糸口になる。観客が年齢をきっかけに関心を持ってファンになることもあるだろう。年下が好き、年上が好き、同い年だから親しみがわく、年少なのに、年長なのに頑張っている、など年齢はアイドルの演出においてフックになる。デビュー時にはメンバーの平均年齢がスポーツ紙の見出しになる。年齢非公開の場合は、何らかの理由を邪推される。単に「若さ」が求められるのみならず、アイドルは年齢と向き合うことを余儀なくされる場面が多い。

しかし、若さをコンセプトとすることで、引き際への不安や負担からは自由になるケースもあるかもしれない。例えば、さくら学院やtipToe.など、グループ活動を学校に見立て、アイドルの活動を期間限定として、一定の年齢（学年や在籍期間による）に到達した段階でグループからの卒業が決まっているタイプのグループの場合、引き際はデビュー時からすでに決まっている。この場合、年齢を重ねることでグループのメンバーではいられなくなるという意味で、年齢を理由に排除されるという負担はあるが、見えない年齢制限とは対峙する必要はない。またその有限性が魅力となって観客を惹きつけるとも言える。つまり、今しか見られない、と言う希少性の高さは見る人の満足度を高める。そもそもアイドルという芸能ジャンル自体が、アイドルとして活動するパフォーマーの存在に依拠する時点で、各パフォーマーやグループの有限性を感じさせる。その点からすれば一定の年齢層にあるアイドルたちのパフォーマンスは、魅力に映りやすい。

単純に若さや低年齢であることが演出の一部となっている場合、幼さによって醸し出されるあどけなさや純粋さ、初々しさなどと、パフォーマンスとの組み合わせの妙（みょう）がアピールポイントとなることもある。その場合、年齢を重ねることでその面白さは自然に失われてしまうことになり、パフォーマーやプロデューサーなどの作り手は保全または新たな世界観の構築や方向転換などの策を講じることになる。年齢によりかかるような見せ方は、若さを良しとする価値観を後押しするのみならず、人間の身体的な有限性によってパフォーマーに負担を与える。年齢を切り口とした身体の有限性をエンターテインメントに織り込む手法を取り入れる上で、この問題を看過することはできない。

*

一方で、若さの対立概念として「大人」であることをコンセプトに打ち立てるアイドルも存在する。あくまでも年齢的な「若さ」を基準とした上での「大人」であり、その存在はアイドルのイメージからは逸脱として扱（あつか）われ、特に女性の場合は「セクシー」といった性的な意味が付されるなど限定的な「大人」イメージが付け加えられやすい。とはいえ、さまざまなコンセプトのうちのひとつとして、「大手」からフリーまで活動形態を問わず、「大人」アイドルの事例は複数ある。二〇一四年に開催された「大人AKB48オーディション」は期間限定での活動はあったものの、募集要項には「30歳以上の女性（プロ、アマ、未婚、既婚不問）」として一般的なオーディションでは対象外となっていた層を審査対象とした。AKB48関連グループでは、すでに活動を休止しているが、二〇歳以上がオーディションの対象となったSDN48の活動例もある。同グループは、当時AKB48最年長メンバーの一人であった大堀恵を中心としており、楽曲の世界観や、一八歳以下は観覧できないというルールを設ける（のちに変更）など、徹底して「大人」であることをコンセプトとし、既婚者のメンバーも所属していた。〝一般的〟なアイドルに求められる「若さ」を取り払うことで、キャリアの有無もパートナーの有無も不問となるところに、「若さ」の意義のようなものが照射される。

フリーランスでの活動も含めると、三〇代以上で活動するアイドルはさらに多い。まりえ（42）（二〇二三年八月時点）や、スーパーマカロニサラダのMiRichanは、年齢が抱えるイメージとのギャップも話題になり、SNSでも多くのフォロワーを集めたり、マスメディアで取り上げられたりと注目されている一例だろう。つんく♂が楽曲などを手掛ける「アラフォーアイドル輝けプロジェクト」には、全国で既に活動している四〇代以上のアイドルから多くの手があがった。しかし既に年齢的に「大人」だからといってアイドルを続けるか否か、という選択から自由であるというわけではない。むしろよりシビアに人生の課題と向き合うことになる。

「可愛いだけじゃ物足りない、大人の遊び場へようこそ」をキャッチフレーズに二〇一〇年に結成されたpredia（当時pre-dia）は、「大人アイドル」として一二年間活動した。解散発表後のインタビューでグループの解散を意識し始めた時期を聞かれ、メンバーの桜子は「30歳になったときぐらいから、別にいつとかは決めていないですけど、自分も「prediaとは別の道も考えていかなきゃいけないんじゃないかな」と思うようにはなっていました。そんなに強く意識していたわけではないんですけど、そういうことを考える瞬間もありましたね。それは30代になったことが大きかったんだと思います」（predia 2021）と明確に年齢をきっかけに挙げている。限りある人生の中でアイドルではない生き方を選ぶことを考えると、年齢は区切りのひとつになる。しかし、そもそも生涯アイドルを続けるという選択はないのだろうか。

同じくメンバーの村上瑠美奈は、新型コロナウイルス感染症の影響でライブ活動をはじめ、多くの仕事が制限されたことがきっかけのひとつだと語っている。

predia の中で自分に出来ることとか、predia に居る意味とか、自分のことをすごく見つめ直す時期でもあったし、好奇心旺盛だから「こういうことやってみたいな、ああいうことやっ

てみたいな」という想いも膨らんでいく中で、これから先の人生を何に使いたいのか考えるきっかけにもなりましたし。(同前)

アイドルを辞める時、「他にやってみたいことを考えた」というのは多くの人が異口同音に語っている。その本意は、アイドルを辞める理由を探した結果なのか、本当にアイドルでいる以上はできないことをやりたいのか、本人たちしか知る由はない。しかし、アイドルでいることと両立できないことがある、ということに多くの人は納得するだろう。

## ライフプランとアイドルでいること

prediaのリードボーカルであった湊あかねは、「続けようと思えばいつまでも続けられちゃう」と考えていたという。そこに積極的な解散の理由はない。しかし、メンバーとは家族のようでありながら、家族にはなれないから「いつかは別れなきゃいけない」と語るのは、自身の、またメンバーのライフプランを考えた時に家族や家族に準ずる関係性が必要と考えていることを意味する。

湊あかね：私は……解散するときはいつか来るものだと思うんですけど、踏ん切りがつかないというか、prediaは続けようと思えばいつまでも続けられちゃうなと思っていたんですよ。これはpredia の良いところでもあると思うんですけど、居心地が良すぎちゃう。だからどこかで踏ん切りをつけないと、おばあちゃんになっても居座っちゃうんです（笑）。で、私はそこに甘えているなと思ったんですよ。このままこの6人で一緒にずっと続けていたら、本当に堕落した女になっちゃうなと思って。

——甘え過ぎてしまって？

湊あかね：そう。prediaは「あれはこのメンバーがやって、これはこのメンバーがやって」みたいな感じで役割分担もちゃんと出来ているから、任せられちゃう部分が多いんですよね。そうなってくると「じゃあ、私はこの仕事だけしていればいいや」と思ってしまう。私はダメな奴なんで（笑）。なので、自分のことを叩き直すというか、ひとりでもやっていけるように……もちろん寂しいは寂しいですけど、どこかでお別れはやってくるものだから。結婚できないし。

——このままだと結婚できない？

沢口けいこ：結婚するから辞めるみたいに思われちゃうじゃん（笑）。

湊あかね：いや、そういう意味じゃなくて（笑）、prediaのメンバー同士で結婚できるわけじゃないから。本当の家族になれるわけじゃないから、いつかは別れなきゃいけないんですよね。（同前）[1]

アイドルと年齢の問題が論じられる時、同時に議題に上がりやすいのは「結婚」である。かつては二〇歳〜二〇代半ば、昨今は三〇歳前後が一般的に結婚を考える時期となっているだろうか。特に日本において妊娠と出産を視野に入れる場合は結婚とセットで考えられ、身体的に妊娠と出産に適している年齢を軸に人生設計が立てられる。そうした時にアイドルとして結婚は可能なのか、そもそも結婚相手と関係性を築くこととアイドルでいる期間を両立することは可能なのか、という問題に直面する。異性愛を前提とした「疑似恋愛」規範が有効であるならば、婚姻はもちろん、特定のパートナーを持つこと、誰かと結婚を前提とするような親密な関係性を築くことを避けなければならない。そうすると、アイドルでいることと両立できないことの中に「結婚」も入ってくる。この暗黙の制限は、性差がありつつも、男性アイドルにとっても女性アイドルにとっても、ライフプランに大きな影響を与えるし、また世間から不用意に関心を持たれやすい事柄にもなる。結婚の可能性から遠いことがアイドルとしての当たり前（スタンダード）であるならば、年齢的な「若さ」が必須条件であることにも納得がいく。

その一方で、「結婚と出産を望むのであればそうして欲しい」とファンが年齢と身体的な負担を心配するケースとして、須田亜香里の語りがある。しかし、その心配はあくまでもアイドルを卒業した後のことで、長いことアイドルを続ける上での身体への影響が懸念されている。「私、もうすぐ30歳になるんですが、最近ファンの方が「将来子供が欲しいのなら、体力的なこともあるから……アイドル続けて大丈夫?」と心配してくれているんです。私自身は、そこまで深く考えていなかったのですが、ファンの方々からの心配の声で将来のことが気になり始めました」と語る須田は、高橋怜奈医師との対談の中で年齢と妊娠の関係について医学的な話を聞きつつ、自分のライフプランを検討する指標のひとつとして妊娠・出産を希望するか否かを考えたいと締めくくっている(須田 2021)。この段階では卒業について何も明らかにしていないが(二〇二二年SKE48を卒業)、「アイドルには年齢制限があると思っていたけど、最近はそんなこともないのかな? と感じることも多くなってきた」と話す一方で「どちらにしても結婚や出産は、グループを卒業してからだと考えています」と明言している。「普通、アイドルのファンって結婚や出産にはマイナスイメージを持っていると思うのですが……。12年アイドルとして活動していたので、私のファンの方々は家族のような感覚で私の将来設計が心配なんだと思います(笑)」という語りが示す通り、「疑似恋愛」的なアイドルのイメージはありつつも、それを払拭するファンの存在がある。それでもここで須田がSKE48のメンバーとして活動を続けることと結婚や出産は両立しないことを前提にされている。

## 結婚、出産の自由と不自由

これまでみてきたように、「疑似恋愛」が背景にあるため、アイドルたちは特定のパートナーの姿を明らかにすることを避ける。だとすると、「結婚」という選択は最も避けるべき道となる。一方で、近年は、徐々にではあるが、本人が望む場合に、アイドルを続けながら特定のパートナーと婚姻関係になること、そして妊娠、出産すること、子を持つことを選ぶケースも増えてきた。アイドルが「結婚」を避けないという前例が出来上がりつつあるのである。これは後進（こうしん）にとってのロールモデルともなりうる。諸々の旧態依然とした価値観の中にあるアイドル文化において、これをよく思わない観客、視聴者、そしてパフォーマー当事者もいるだろうし、ファンや作り手の間でも賛否にはグラデーションがあるだろう。

しかし、これはあくまで選択肢のひとつであり、実際にはそもそもパートナーの有無を明らかにしなければならないということはない。当たり前のこととして、パートナーを持つ自由も持たない自由も侵害されてはならない。しかし、「恋愛禁止」が前提として織（お）り込まれている一方で、婚姻関係という手続きを踏んだ関係性であれば歓迎されるという歪な図式が描かれていることにも注意が必要だ。結婚することはなぜスキャンダルにはならないのか。またジャニーズのタレントに代表的であるように、配偶者や子どもの存在を明かしながら、具体的に話題として触れることを遠ざけるケースもある。家族のことなどプライベートについて触れず、個人としての生活を守るということは重視されるべきであるが、この演出は「疑似恋愛」規範に従っているように感じられる。

＊

アイドルが結婚を選びづらい理由は、ほかにもある。芸能の仕事はしばしば「水物」と語られ、アイドルとしての商業的な成功の度合いによっては、誰かと世帯を共にすること、中でも子どもを育てるには、経済的な不安が発生することもある。不規則な労働は、世間一般の労働基準からは逸脱していて、子育てや家事などに十分な時間を割けるという確約はない。逆にパートナーの存在が生活や活動を手助けする場合がありつつも、その存在がファンから歓迎されないのであれば、一方では自らの首を絞めることにもつながる。また、プライベートが必要以上に詮索（せんさく）されるようなことも避けなければならない。いずれもアイドルに限らず、関連する、また類似する多くの職業に当てはまり、そもそもプライベートが守られるべきである、というのは万人にとって当然の権利であるが、あらゆる問題が足枷（あしかせ）になっていることになかなか目が向けられていない。

出産する身体を持つ人にとっては、年齢、言い換えれば時間に制限があり、そのため男性アイドルよりも女性アイドルの方が、アイドルとしての寿命が短いと指摘されやすい。しかし、例えば四人組の女性ダンスグループMAXの活動歴は非常に長いことで知られる。メンバーの出産を経て、活動休止期間を設けながらも、一九九五年の結成以降、グループとしての活動は今も続いている。これまでMAXはやや例外的に見られていたが、近年、出産を経（へ）てなおアイドルとして、グループとして活動する女性アイドルの事例が増えつつある。

でんぱ組.incの最初期メンバーである古川未鈴は、二〇二一年産休を取り、無事に第一子を出産、二〇二二年から活動を再開している。二〇〇三年から活動を続けるNegiccoのメンバーは二〇二二年、全メンバーが同年に出産したことを喜びの声とともに報告した。大森靖子は、シンガーソングライターであるが元々女性アイドルのライブイベントにも出演しており、二〇一八年からはZOC（現・METAMUSE）のプロデューサー兼メンバー（「共犯者」）としても活動している。二〇一五年には第一子を出産しており、X（旧・Twitter）には「大森靖子【子育て】」（@seikohitonooya）というアカウント名で家族と過ごす様子を投稿している。

先に挙げたジャニーズ事務所所属のタレントを含め、現在では子どもを持つ男性アイドルも増えている。アイドルとして生きる選択は、ライフイベントとともにあり、アイドルとしての進退を左右すると考えられてきた環境の変化を、アイドルとしてどのように受け止めるかは個人に任されるケースも多くなっているだろうか。旧来の異性愛規範やセクシズム、エイジズム、そしてルッキズムの中に閉じ込められやすい日本のアイドル産業の中にも、少しずつ新しい選択肢は示されている。

忘れてはいけないのは、パートナーを持つことも持たないことも、セクシュアリティを明らかにすることもしないことも、子を持つことも持たないことも、すべての人が持つ選択肢であり、自由であるということだ。パートナーを持たないことは、旧態依然としたアイドルのステレオタイプと相性が良いだろう。しかし、そのことを理由に称賛することは単に旧弊を温存しているにすぎない。アイドルのライフプランを制限するような暗黙のルールが取り払われ、表現者として自由にどんな道も選べるようになることを求めたいが、そこに何か問題はあるだろうか。

もちろんアイドルでなくなるという選択もまた自由だ。それが年齢に縛られていることについてはまだ今後も検討が必要だが、グループを辞めることも、芸能活動を辞めることも、人が仕事を辞めたり、転職したりするのと同じように捉えられるようになってほしいと個人的には思っている。芸能活動、特にアイドルを辞めることは、折にふれてマイナスのイメージが付きまとう。ファンたちに非常に残念がられることは多く、また、何らかの事情はあるだろうが、理由が明らかにならないと納得できないという声もあがる。またパフォーマー本人に対して責任感がない、根性がないなどのネガティブな評価が下されることもある。さらには特定のグループを辞めた後に、別のグループのメンバーになる時、諦めが悪い、往生際が悪いなどという声があがっていたこともあったと思う。それは、アイドルのイメージの中に若さと同時に清廉潔白さのような要素があるからだろうか。歳を重ねるのと同様に、疲弊したり、消耗したりする人間の身体が無視されているように感じることがある。

二〇二一年、デビュー二六周年を迎えたV6がその幕を閉じた。「勤続25年の男たちの掌」と大きく書かれた結成二五周年の新聞広告は[2]、彼らがV6として決して短くはない月日を歩んできたこと、そしてV6というグループでの活動が彼らの仕事であることを表していた。それはすなわち、アイドルという仕事を続けてきた生き様（ざま）のようなものを表現するものとも言えるだろう。アイドルを二六年続けるという文字列にはなかなかのインパクトがある。それはやはり、アイドルというキャリアがある程度若い時期に限定された芸能ジャンルであるというイメージがあるからだろう（そもそも現代において勤続二五年を超えるというのも珍しくなりつつあるのかもしれない）。

アイドルが同じグループで、メンバーの変更もなく二六年続けることは、さまざまな活動環境の条件や、各メンバーの仕事への関わり方など多くの要因が揃（そろ）わなければなかなか成立しないものであろう。二〇二〇年、同じジャニーズ事務所所属の少年隊はデビュー三五周年、嵐は二一周年を迎え、当時のメンバーでのグループ活動に区切りをつけた。アイドルの中でもジャニーズ事務所に所属するタレントの息は長いことで知られてきた。そのため、近年続く、ジャニーズグループの解散や活動休止、脱退などはセンセーショナルに扱われることが多いが、以前は光GENJIが八年、男闘呼組が五年、ほかのグループに至ってはさらに活動期間が短く、現在はメディアなどでのジャニーズ史にも登場しないグループも数多い。二〇〇〇年以降、基本的にアイドルの平均活動期間は長くなっているだろう。それでも生涯を通じてグループでの活動を続けるといった例は、まだほとんどない。

V6解散後もグループ内のユニットである20thCenturyはジャニーズ事務所に所属しながら

活動を続けている。「トニセン」（20thCenturyの略称）は、V6メンバー六人の中で年長の三人によって結成されており、ジャニーズJr.の時代から数えると、キャリアは三五年ほどにもなる。メンバーの井ノ原快彦は、ジャニーズJr.を統括するジャニーズアイランドの代表取締役社長に就任するなどマネジメント業務を任いながら、「アイドル」としての活動も続けている。単純に年齢が高いことや、アイドル以外の仕事をすることが、グループを離れたり、アイドルでなくなることには直結しない一例と言えるだろうか。もちろんここまでみてきたように逆も然りであり、年齢を重ねることや、アイドル以外の仕事をすることはアイドルを辞める理由になり得る。しかし、必ずしもそうではないというのも20thCenturyの例からわかる。一方で、20thCenturyのようなスタイルは既にアイドルとは呼ばないのではないか、という考えもあるだろう。なぜそのように感じるのか、とあらためて考えると、年齢やキャリア、活動形式からアイドルとしての当たり前が導き出されており、逸脱はアイドルでないことを意味すると決めつけられてしまう。年齢を重ねたアイドルは、既に珍しくないにも関わらず、アイドルに期待される「若さ」の問題が首をもたげてくる。

*

事実、活動する環境がある程度整わなければ、アイドルはもちろん、芸能活動を中心に生活していくことは難しい。そうした環境は「若さ」が担保となって整えられることもあると考えれば、ステレオタイプ的なイメージの問題のみならず、アイドルの年齢は若い方が良いというのもわかる。しかし、その場合は年齢を重ねた先のことを検討する必要もある。

アイドルと年齢の問題は、エイジズム的な視線に晒(さら)されるのみならず、パフォーマーの身体の消耗やライフイベントの問題でもあり、ルッキズムに続き、多くの論点が絡んでいる。アイドルが年齢と向き合う姿は、選択によっては残酷にも映るかもしれないが、誰かのロールモデルとなることもあるだろう。

先述のとおり、かつては、アイドルがアイドルとして活動する期間は非常に短かった。アイドルの卒業や脱退のニュースがメディアを賑わすと、今時のアイドルはすぐ辞めてしまう、と言われることもあるが、七〇~八〇年代のアイドルの方がよっぽど短命で、初代ジャニーズは三年、キャンディーズ、ピンクレディーは五年弱、山口百恵は七年で解散や引退を選んでいる。もちろん、現在でも現役で歌手として活動を続ける人もたくさんいるが、彼らがアイドルか否かを判断することは難しく、活動期間の傾向を時代や活動環境と単純に紐付けて見出すことはできない。しかし、アイドルでいると「普通の女の子」ではいられないことを悲痛に叫んだキャンディーズや、結婚と引き換えに引退を選んだ山口百恵の時代からは、もう価値観が変わりつつあるはずだ。アイドルという生き様を人生を通じて示す、そのようなあり方を選択することも可能なのかもしれない。

注

（1）この後「——ちなみに、前回のインタビューでこの6人を家族に見立てたんですけど、その答えが「本当の家族になれなかった」は切なくありませんか？／一同：（爆笑）」と続く。

（2）『朝日新聞』（一都六県）二〇二〇年九月四日、朝刊。

Final Code

# 複数のコードを束ねる<br>アイドルの行く末

## これからのアイドル

ここまで見てきたようにアイドルに課(か)されたコードは幾重にも重なりながら、矛盾を孕みつつ、さまざまな時代を経て現代まで受け継がれてきた。それぞれのコードは生身の身体を持ったパフォーマーに課される重圧となり、時に新しいコードを産み出しながら、さらに複雑に絡まり合いを続けている。それは時に心身や人生など、つまり命に関わる問題でありながらもこれまであまり重要視されてこなかった。「アイドルとはこういうものだ」というコードがアイドルを取り巻く人々——パフォーマーとしてのアイドル、ファンや観客、クリエイターやマネージャー——に、内面化されることによって、制限やそれに伴う葛藤も生み出している。

「アイドル」という巨大な文化を持続していくためには、コードを整理し、旧来の規範と争う新しい実践とが互いに共存する道を探し求める必要があるだろう。すでに多くの挑戦が起きているし、アイドルのスタイルは多様でステレオタイプには収まらないことはここまでみてきたように明らかである。しかし、そうした事例は、広くは知られないまま、若くて美しく未熟なアイドル像がテレビなどのオールドメディアを通じて再生産され、人々の気軽な語りの中に温存されている。また、異性愛主義や疑似恋愛とも切り離されることがないままである。どこかに存在するようで存在しない、多くの人の共通理解として浮かび上がるアイドルの姿は、コードとなって、アイドルを知る全ての人の中にこびりついているように思うのである。

とはいえ、徐々にこれまでとは違うアイドルへの問題意識が次々に挙げられていく中で、これまでの「アイドル」を疑う視線は醸成されつつあるように感じる。ジャニー喜多川の性加害問題への追及が進んでいく一方で、これまで当たり前とされてきた芸能界の権力構造、つまり仕事を得るために我慢を強いられ、嫌がらせや性行為を含めた権力者の利益に資する行為の強制などを飲み込んできた、アイドルの活動環境にも目が向けられるようになってほしい。というのは筆者の願いだが、まだまだ山積している本書では触れられなかった多くの問題についてもさまざまな動きがある。

＊

例えば、アイドルの仕事が孕む問題点については、ソロアイドルとして活動する寺嶋由芙も度々論点を挙げている。新型コロナウイルス感染症影響下の二〇二〇年五月にYouTubeで公開された動画「【アイドルの皆さまへ】「事業持続化給付金」についてのご説明」などのように、アイドルが仕事をする上で発生する具体的な課題への向き合い方を示し、さまざまなコラムやインタビューを通じて積極的な問題提起を行なってきた。また、アイドルのセカンドキャリアについて会社組織やプロジェクトを立ち上げて支援する元アイドルも一人ではない。例を挙げると二〇二〇年には元AKB48の島田晴香が株式会社Dct.incを、二〇二三年には元仮面女子の渋谷区議会議員、橋本ゆきが株式会社ツギステを設立しており、かつてと比較してアイドルのセカンドキャリアの問題に世間の注目も集まるようになった。そのほかにも、振付師の竹内夏海は、Code4で見たようなアイドルの健康や身体の問題のみならず、コミュニティの形成やコミュニケーション、日々の問題を相談できる関係や居場所の構築として、アイドルに特化したスタジオ運営を行なっている。すべての問題は、一見バラバラに見えるようで、実際には地続きであり、絡まり合っている。労働を取り巻く数々の問題は、アイドルという仕事をする人間が決して虚像(きょぞう)ではなく、現実に存在し、実際に痛みを感じる身体を持っているのだという、ごく当然のことが置いてけぼりになっていた結果ではないだろうか。

二〇二二年六月、韓国の男性グループBTSは各メンバーがソロ活動に専念すると発表した。その発表の場でリーダーであるRM、キム・ナムジュンは「K-POPとアイドルというシステム全体に、人に成熟する時間を与えないという問題がある」と語った（生田 2022）。韓国のアイドルと日本のアイドルでは、現在、育成方法や演出などさまざまな違いが認識されることが多いだろう。この発言については、聞く人によってニュアンスは異なるかもしれないが、日本のアイドルにも同じことが言えると感じるところがある。とはいえ、その後も韓国でも日本でも大きな変化があったわけではなく、アイドルの活動はいつでも目まぐるしい。ただ、当事者からの悲痛とも言える叫びを、ファンや観客、またほかの当事者たちが直接受け取ることができる、その言葉を各人が吟味（ぎんみ）できる、ということは今後の変化に関わる。アイドルが背負ってきた問題は、大小を問わずほとんど可視化されないか、アイドルだから仕方がないとして見過ごされてきた。その状況に変化の兆しがあるということは、一抹であれど希望である。

## ルールはいつまで課されるのか

こびりついたアイドル像は、現在までアイドルが歌う楽曲としても度々提示されてきた。メタ的なアイドルソングには、アイドルの悲哀が描かれることも少なくない。何かを我慢し、それでもアイドルでいるという美徳のようなものが歌われる度に、課されたルールはアップデートされないまま、再生産されていく。

二〇二三年九月にリリースされた、AKB48のシングル「アイドルなんかじゃなかったら」(秋元康・作詞、YSU・作曲)も、恋を許されないという逆境の中の「恋するアイドル」がテーマとなっている。ステージを降りれば、卒業すれば、果ては生まれ変わったら、恋ができる。それでも憧れていたアイドルを辞める、ファンを裏切る勇気はない。生まれ変わったら、ようやく「みんなの前で堂々とキスができる女の子」になれる、のだろうか、と彼女たちは歌っている。

二〇一〇年に放送されたアニメ『ひめチェン! おとぎチックアイドル リルぷりっ』(テレビ東京系)のオープニングテーマ「アイドルール」(2℃・作詞、斎藤悠弥・作曲)は、同作品のメインキャラクターであるアイドルユニット・リトルプリンセス(通称は「リルぷりっ」)が歌うオープニングテーマである。ユニットのメンバーは、当時スマイレージとして活動していた和田彩花、前田憂佳、福田花音が演じており、ハロー! プロジェクトの関連ユニットでもある。この曲のテーマは、タイトル通り、アイドルに課されたルールで「アイドルールはキビしいルール」と歌い出しから繰り返される。イビキやオナラ、大声で笑うことを御法度(ごはっと)として、「カレシなんてとんでもない」と歌う様子はコミカルに表現されており、作中でも、また実際にもアイドルが歌う歌としてはやや自虐的な歌詞になっている。

この曲では「アイドルール」は、昔から語り継がれてきたものと歌われている。それは『ひめチェン！おとぎチックアイドル リルぷりっ』のキャラクターコンセプトが童話のお姫様であることを下敷きにしているからではあるのだが、確かに実際にアイドルのルールとしての「アイドルール」は、いずれも脈々と受け継がれ、アイドルとはこういうものだ、と築かれてきた不文律として納得できる。このアイドルールは「12時の鐘が鳴り終わるまで」続くという。『ひめチェン！おとぎチックアイドル リルぷりっ』は魔法の力で大人に変身した子どもたちがアイドルとして歌うことで物語が展開するので、変身してアイドルとして活動している間にのみ適応されるルールであることを意味するが、現実の「アイドルール」もアイドルを辞めるまでの限定的なものとされるだろうか。

前章で見たようにアイドルの活動期間が一〇年を超えることもあまり珍しくなくなり、アイドルとして生きる時間は相対的に長くなりつつある。またグループを卒業しても、アイドルという肩書きがなくなっても、アイドルとして見られ続けるということは往々(おうおう)にしてある。アイドルと見做される、という視線に付きまとうどこか見下すような不均衡さについては、本書を通じて検討してきたが、そうしたネガティブな意味のみならず、ファンにとってはいつまでもアイドルであるという非常に無邪気な思慕も含めて、アイドルに対する視線は続く。

＊

二〇一一年に闘病の末にこの世を去った女優、田中好子の葬儀・告別式には、キャンディーズの「スーちゃん」でもあった田中との別れを惜しむ多くのファンが駆けつけた。出棺の際には、キャンディーズのデビュー曲「あなたに夢中」が流れ、当時のイメージカラーである青色の紙テープが田中を乗せた霊柩車に向かって投げ込まれた。そして、ファン組織である全国キャンディーズ連盟も集まり、「スーちゃんありがとう」の声が次々に響いていた。先述の通り、彼女のキャンディーズとしての活動期間は五年弱であり、その後の女優としての活動期間の方がずっと長い。繰り返しになるが、もちろん、個々のファンの想いは他人が知る由もなく、葬儀に参列した田中のファンの多くが、本当にキャンディーズ時代のファンなのか、キャンディーズとしての田中の活動に対して特別な思いを抱えているのか、ということは全くわからない。しかし、テレビに映し出された葬儀の様子からは、「スーちゃん」のファンで埋め尽くされた会場やキャンディーズを応援する鉢巻（はちまき）姿の熱心なファンの声だけが伝わってきた。そしてキャンディーズや田中のことを特別によく知るわけではない視聴者は、「スーちゃん」は生涯アイドルであった、と思うことだろう。

近年、アイドルであることが人生のハイライトと見做されることもまた、アイドルに対する偏見であることを、香月孝史が指摘している。ＡＫＢ48のメンバーであった当時に指原莉乃が語った言葉、また同期のメンバーである深川麻衣の卒業についてインタビューを受けた当時乃木坂46のメンバーであった橋本奈々未の語りを引用し、「グループからの離脱を半ばその人物の全盛期の終焉として捉えるような「世間」」の視線が認識されていること、「アイドルとしての活動期こそがキャリアのハイライトとして受け取られがちであること」を指摘する機能を持つことを示している（香月 2020: 112-116）。

田中が晩年、既にアイドルとしては活動していないことは明らかであり、キャンディーズとＡＫＢ48や乃木坂46の活動期間は三〇年ほど離れている。香月が指摘するようなアイドルの「卒業」の儀式が繰り返される現状と田中の訃報は安易に重ねられるわけではない。文字通り、田中の生涯のハイライトがキャンディーズに置かれることは、日本の芸能界における「キャンディーズ」という名前の大きさを示しており、田中のキャリアのスタートとして印象的であることは間違いない。しかし、アイドルという肩書きが個人と分かち難いものであるということを実感するような事例でもある。

本当に生まれ変わるまでアイドルとして、アイドルに託（たく）される期待としてのルールも続くのかもしれない。アイドルをアイドルとして見続ける視線はなくならないとしても、ルールや規範が社会に従って変化していく可能性を感じられる今、先を見据えていくことが何より重要だ。

## ショートパンツ、ベリーショート、アフロヘア

本書では、日本のアイドルを中心にさまざまな新しい試みを挙げてきたが、海外のアイドルにも興味深い実践は数多くある。

二〇二〇年三月に配信が開始された中国のオーディション番組『青春有你2（Youth With You 2）』は、アイドルの可能性を示すという点において示唆に富むコンテンツのひとつである。『青春有你2』は、韓国のオーディション番組である『PRODUCE 101』と同様の形式で、日本の視聴者の間では「中国版プデュ」と呼ばれていた番組の第三シリーズに相当する。韓国のみならず、日本、中国、そのほか複数の国と地域で視聴された本家「プデュ」と同様に地域を問わず注目を集めた。

『青春有你2』のコンセプトである「X」――「新しい可能性」「無限のイマジネーション」が、番組の特徴を表すと言えるだろう。中国のユースカルチャーに詳しい小山ひとみは、最終的にデビューを勝ち取ったグループTHE9について以下のように評する。「9名のメンバーは、これまでのガールズグループの定義を覆すようなビジュアルと個性で構成されている。以前は、黒髪、ロングヘア、二重の大きな目が一般的だった。しかし、THE9は158cmの小柄なメンバー、ボーイッシュなメンバー、一重のクールな目のメンバー、女優出身でダンス、

歌の経験もないメンバーなど一見すると統一感がないようなメンバーで構成されている。しかしそれは、番組のテーマ「無限の可能性X」にマッチした完全に新しいグループの誕生を目指したものだった」（小山 2020）。

番組内で、司会を務める蔡徐坤（ツァイシュークン）は、視聴者に向かって以下のように呼びかける。

〝从今天起，想再次邀请你们，来决定唱跳女团的新可能〟

「今日から、歌って踊るガールズグループの新しい可能性をあなたが決めてください」

〝我们不定义女生，不定义女团，请大家带着对〝X〟的无限想象，亲手选出2020最能代表女团的九位训练生吧〟

「私たちは女の子を定義しませんし、ガールズグループを定義しません。皆さんは「X」という無限のイマジネーションで、2020年を代表するガールズグループの9人の訓練生を選んでください」（筆者訳）

そしてその「X」を体現するかように、ルックスだけでも実に多様と言える個性的な訓練生によってテーマ曲「YES! OK!」のパフォーマンスが始まる。それぞれの衣装は「プデュ」形式のオーディション番組では定番の制服姿だが、スカートだけではなく膝丈のショートパンツを履いている訓練生もいることにすぐ気付くだろう。スカートを履く訓練生の方が圧倒的に多いが、ネクタイとリボンを含めて制服のスタイルを選べることは『青春有你2』の特徴であった。一〇九人の中のセンターを務める刘雨昕（リュウユーシン）もパンツスタイルだ。最後にはTHE9のセンターともなった、刘雨昕の中性的な容姿と圧倒的に目を惹く華やかさは、堂々と中心に立つ姿と相まって宝塚歌劇のトップスターを思わせる。この時のパフォーマンスにおけるメインの九人の中では、ベリーショートにハッキリとした濃いメイクの上官喜爱（シャングァンシーアイ）の姿も目立つ。全体に黒髪ロングヘアーの訓練生が多数派を占める中で、张钰（ツァンユー）のアフロヘアーも一際存在感を放っているし、王欣宇（ワンシンユー）のメガネ姿も印象が強い。多数派とは言ったものの、ロングヘアーの訓練生たちもそれぞれ個性的だ。

　こうした訓練生たちの個性は、もちろんルックスだけに表れているものではなく、それぞれのここに立つまでの背景、パフォーマンススタイル、ステージングなどのひとつひとつが強烈でユニークである。彼らの言葉やこれまでのキャリアにおいて否定されてきた従来のアイドル像との距離、若さや美しさなどの基準に沿（そ）わないとされた経験、にもクローズアップすることで「X」に迫っていく。東アジアのアイドルシーンに注目する松本友也は、この「X」というコンセプトが「それぞれ歌手やラッパー、ダンサーとして個人でも活躍できる実力とスタイルがあるにも関わらず、彼女たちがなぜ「ガールズグループ」に入ろうとするのかという問いと切り離せない」と指摘する。

> この問いはむしろ『青春有你2』の制作側が応えるべきものだと言える。彼女たちをあえて「ガールズグループ」として世に送り出すことの意味、その選択肢の魅力、必然性はどこにあるのか。番組の謳う「多様性」が、表面的な差別化要素やマーケティング的な新規性のためのものにとどまらない本質を含んだものであることを説得的に示せなければ、それは欺瞞とは言わないまでも虚しいものになるだろう。（松本 2020）

番組のコンセプトは確かにチャレンジングで、アイドルのコードを刷新しようとするものであっただろう。しかし、松本は「レベル分けテストであれだけの個性を発揮した訓練生たち」が結局「「ガールズグループ」のフォーマット——歌やダンス、表情管理からなる総合的なパフォーマンスや、苦手なスタイルも含むさまざまな楽曲への挑戦——に適合するプロセス」で自信喪失と再構築を繰り返すストーリーが収斂されていたことに注目する。それは、番組による自作自演とも言えるような小さな展開の中にまとまってしまう。「あるいは、せっかく集めた「個性的な」メンバーを、結局はガールズグループの若干のスパイスとしてしか活かせなかったということになるのではないだろうか——」。番組の試（こころ）みは完璧にうまくいったとは言えないかもしれない。アイドルをアイドルとして扱う以上、アイドルの基準を逸脱しない範囲内での逸脱に留(とど)まってしまうという「袋小路」に陥りやすい。ただこうした課題を残しつつも、『青春有你2』の提示する「X」は重要なヒントを残したように思う。

＊

『青春有你2』のメッセージは、『BAZAAR』誌のファッションキャンペーン #NewRules とのコラボレーション映像にも色濃く残されている。「ほかの人たちの言うこと」(〝他们说〟, "What other people say")に合わせるのではなく、自ら自分たちを定義することを掲(かか)げ、九の「ルール」――DELICATE, PRETY, PERFECT, SIMPLE, FEMININE, GENTLE, OBEDIENT, CONFIDENT, STANDARD(繊細、かわいい、完璧、シンプル、女性的、優しい、従順、自信を持つ、普通)に疑問をぶつけていくのは、選ばれし上位の訓練生九名だ。オーディション番組という形式の中で順位がつけられつつも、その定義を何度も問い直していく姿勢は、相容れない難しさを孕みつつも、今後の「アイドル」について考えさせる。THE9は二〇二一年一二月、一年半という限定された活動期間の後、解散したが、その後も注目を集めた刘雨昕は小山のメールインタビューに対して以下のように答えている。

――リュウ（引用者注：刘）さん自身は「アイドル」という存在をどう捉えていますか？

リュウ：アイドルは中国語でいう「偶像」です。「偶像」とは自分が目指す模範的な人のことです。

私自身はこれまでもずっと、アイドルをただの「歌って踊れるパフォーマー」だと思ったことはありません。自分に正直で、学び続ける姿勢、そして、自分の目標に向けて努力を惜しまず、自分の経験から人々を励まし激励できる。それが真の意味での「アイドル」なんじゃないかと思っています。（小山 2021）

## 誰でもアイドルになれる時代で

二〇二三年現在においては、アイドルになる機会は増え、間口も広がっている。メディア環境の変化によって、アイドルになるためのさまざまなステップを自分自身で通過しやすくなった。竹下通りでスカウトを待つ必要はなく（近年では繁華街でのスカウトは、する方もされる方もそもそもリスクが大きいことが判明している）、オーディションの情報はSNSでいくらでも得ることができ、オーディションを受ける事務所やグループのことは検索すれば良いことも悪いこともある程度わかる。大都市に行かずともYouTubeでアイドルのライブを見ることも容易だ。自分に合うオーディションがなければ、自分でアイドルグループを作ることも——相当な胆力は求められるが——可能で、お手本になるセルフプロデュースのアイドルにもすぐに行きつく。曲や衣装を作るクリエイターを探すこともオンラインでできるし、そもそも自分で作る方法も情報として溢（あふ）れている。人気や知名度を得ることができるか、経済的に成功することができるかは、また別の話だが、アイドルになるという一歩を踏み出しやすくなったことは間違いない。

しかし、その一方でアイドルという芸能ジャンルが抱える困難については、気付かれにくい。また、アイドルとして線を引かれることや、アイドルとしてまなざされるとはどういう意味を持つのか、考えられることはあまりない。見る対象から見られる対象になった時に初めて気付くことも多いだろうか。それでもそんな困り事を相談する相手は限られる。そんなループの中でようやく意識されるものがアイドルのコードかもしれない。

*

アイドルではないが、アイドルと同じようにまなざされる芸能ジャンルやエンターテインメント、コンテンツも数多い。俳優やあらゆるジャンルの歌手はもちろん、声優やメイドカフェ、コンセプトカフェなどの飲食店スタッフ（キャスト）がアイドルに対するそれと同じような視線を向けられるようになって久しく、近年は歌い手や実況者などの配信者、インスタグラマーなどのインフルエンサー、YouTuber、Vtuberと枚挙にいとまがない。各ジャンルに明るくない人であれば、アイドルと見分け（みわ）がつかないということも頻繁に起こるだろう。自身をアイドルとは定義しない、認識しないジャンルのパフォーマーの中には、「アイドル」という言葉と結びつけられることに対して否定的な立場をとる人もいる。そこにもアイドルに対する偏ったイメージがあるかもしれないが、そもそもアイドルに期待するイメージが容易に誰にでも託されることにも疑問は残る。

アイドルとは何か、とは何度も繰り返されてきた問いだが、はっきりとした答えを出すことは難しい。この五〇年でアイドルの姿は確かに変わっている。一方で変わらないイメージを抱え、変わらないことが良いともされている。アイドルを取り巻く無意識の偏見にまずは気づき、いま現在のアイドルを見てほしい。そして、アイドルを縛り付けるコードがすっかり古くなっていることを発見してほしい。そもそも、アイドルが日常的で身近な存在であるのならば、恋人なのであれば、未熟な成長段階にある卵であるならば、軽んじるのではなく、大事にしてほしい。本書には漏（も）れている論点もたくさんあるだろう。それを想像し、考え、何が起きているのか知ることを繰り返して、読者のみなさんとアイドル・コードを刷新していければと願う。

# あとがき

アニメ「アイドル伝説えり子」の中のワンシーン、鉢巻をつけた大勢のファンに名前を呼ばれてえり子がステージに立つ、そんなシーンが、また音楽番組でたっぷりのフリルに包まれた衣装で恥ずかしそうに自己紹介するWinkの姿が、私にとってのアイドルの原風景です。「えり子」を見てアイドルに憧れた私は、画用紙にえり子やWinkのようなキラキラの衣装を着てマイクを持った自分を描き、これを持って「パオパオチャンネル」の視聴者出演コーナーに出るんだ！　と意気込んでいました。また光GENJIを見て、カチューシャをおでこにつけてローラースケート風に走って転び、怪我をしたことも思い出します。私と同世代の読者はこの思い出に苦笑いしたり、懐かしさを感じたりするかもしれませんが、特に若い世代の読者にとってはきっとあまりピンとこない、何もおもしろくない話だと思います（「パオパオチャンネル」はYouTuberではなく、テレビ番組です）。

アイドルと自分の思い出は、世代によって異なり、また関心や生育環境が違えば、年齢は同じでも、全く共感できないということも起こると思います。そんなことは百も承知のはずなのに、なぜか「アイドル」という言葉でみんなで同じ話をしている気になってしまう、それをつなぐものはなんだろうかという疑問は、本書の出発点の一つです。

本書の中で「あまり目が向けてこられなかった」、「これまで重要視されていなかった」というような文言をくり返しましたが、これらはある意味ではその通りであり、またある意味では正確ではありません。本文で紹介した通り、ここで論点としたほとんどのことに既に目を向けている論者やパフォーマー、クリエイターは数多いて、そうしたテキストや実践に刺激を受けて、私自身の視点も少しずつ変わっていきました。しかし、同時に、いずれの論点もまだまだ十分には語られていませんし、議論の場も、葛藤の場も成熟し切ってはおらず、〝アイドル・コード〟は温存されていて、私の幼少期と大きくは変わらないと思います。しかし、こうした語り、思案する場を作り続けていくことは、変化の兆しを期待する途になっていくだろうと思います。

この本が誕生するもう一つのきっかけは、とある学会で行なった発表「ジェンダー規範に対峙するアイドル音楽の実践——「二丁目の魁カミングアウト」を事例に」でした。前身である二丁ハロ時代から彼らの活動やパフォーマンスを知ってはいたものの、ふとアイドルを取り巻くジェンダーやセクシュアリティの問題と深く関わる事例として学術的に検討できるのでは、と改めて「二丁魁」(二丁目の魁カミングアウトの略称)を対象とした研究へと繋がったのは、アイドルという芸能ジャンルについて研究関心を向ける仲間たちとの議論の場が続いていたからこそ、と思います。この発表を聞いた、とある編集者との出会いによって、書籍という形式でより議論を深め、広げるという企画が立ち上がりました。残念ながらその企画自体は実現しなかったのですが、結果的にそれを土台として本書の執筆を進めることができました。

「二丁魁」の話をすると、新しい奇を衒ったタイプのアイドルグループ? と聞き返されることも多いのですが、実際には一〇年を超えるキャリアのあるアイドルです。この世の中の知らないことは、その人にとっては存在しないことと同じで、聞いたことがなければそもそもあるということには考えも及ばない、ということもあります。だからこそ、もうすでにあるものだから自分が取り上げなくても、と思わず、話題にし続けていくことに意義はあるだろうと思います。多くの先行する議論や事例があり、参照しきれていないほどですし、まとまっていないかもしれませんが、日々の思案の記録として、二〇二三年の今に書き残しておきます。

本書の執筆にあたり、頼りない進行状況を温かく見守りつつも、アイドルを取り巻く情報や声が目紛しく飛び交う日々に「早く多くの方にこの本を読んでほしい」と想いで、いつも発破をかけてくださった青土社の永井愛さんに心から感謝を申し上げます。そして今、実際に手に取って読んでくださったお一人お一人に感謝いたします。また今後もどこかでこのお話の続きができれば幸いです。

託されたコードの中で迷い、悩み、傷ついている、すべての人とともに。

上岡磨奈

二〇二三年一〇月

# 参考文献

## Code0

赤坂アカ 2023『４５５１０』『ヤングジャンプ 週刊JUMP』https://youngjump.jp/oshinoko/novel_45510/novel_01.html（最終アクセス二〇二三年九月五日）
阿久悠 2007『夢を食った男たち――「スター誕生」と歌謡曲黄金の70年代』文藝春秋
稲増龍夫 1989『アイドル工学』筑摩書房
太田省一 2016『ジャニーズの正体――エンターテインメントの戦後史』双葉社
小川博司 1993『メディア時代の音楽と社会』音楽之友社
香月孝史 2014『「アイドル」の読み方――混乱する「語り」を問う』青弓社ライブラリー
―――― 2020a『乃木坂46のドラマトゥルギー――演じる身体／フィクション／静かな成熟』青弓社
―――― 2020b「坂道シリーズにも訪れたドキュメンタリー映画ラッシュの時期 〝アイドル〟というジャンルを省みる好機となるか」『Real Sound』二〇二〇年五月八日 https://realsound.jp/2020/05/post-

549064.html（最終アクセス二〇二三年九月五日）
上岡磨奈 2021「アイドル文化における「チェキ」——撮影による関係性の強化と可視化」『哲學』第147集、pp.135-159
周東美材 2022『「未熟さ」の系譜——宝塚からジャニーズまで』新潮選書
青弓社編集部編、西森路代ほか著 2021『「テレビは見ない」というけれど——エンタメコンテンツをフェミニズム・ジェンダーから読む』青弓社
姫乃たま 2017『職業としての地下アイドル』朝日新書

## Code1

icc（アイドル文化評議会）1998『定本アイドル系譜学』メディアワークス・主婦の友社
稲増龍夫 1999「SPEEDにみるアイドル現象の変容——「異性愛」から「自己愛」へ」北川純子編『鳴り響く性——日本のポピュラー音楽とジェンダー』勁草書房
太田省一 2011『アイドル進化論——南沙織から初音ミク、AKB48まで』筑摩書房
香月孝史 2020『乃木坂46のドラマトゥルギー——演じる身体／フィクション／静かな成熟』青弓社
—— 2022「異性愛規範と「恋愛禁止」はいかに問い直されるか」田島悠来編『アイドル・スタディーズ——研究のための視点、問い、方法』明石書店、pp.59-74
上岡磨奈 2022「アイドル音楽の実践と強制的異性愛——「二丁目の魁カミングアウト」が歌う「愛」とは何か」『ポピュラー音楽研究』第25号、pp.39-53
—— 2024刊行予定「アイドルに対する恋愛感情を断罪するのは誰か——「ガチ恋」の苦悩に向き合う

（仮）」『恋愛の社会学（仮）』ナカニシヤ出版

北川昌弘とゆかいな仲間たち 2013『山口百恵→ＡＫＢ48ア・イ・ド・ル論』宝島社新書

さやわか 2015『僕たちとアイドルの時代』星海社新書

ソニーミュージックオフィシャルサイト「Candies Forever」https://www.sonymusic.co.jp/Music/Info/candies/（最終アクセス二〇二三年九月五日）

田島悠来 2022「アイドルを解釈するフレームの「ゆらぎ」をめぐって」香月孝史・上岡磨奈・中村香住編『アイドルについて葛藤しながら考えてみた――ジェンダー／パーソナリティ／〈推し〉』青弓社、pp.155-175

筒井晴香 2019「「推す」という隘路とその倫理――愛について」『ユリイカ』二〇一九年一一月号臨時増刊号、青土社、pp.174-187

―― 2020「孤独にあること、痛くあること――「推す」という生き様」『ユリイカ』二〇二〇年九月号、青土社、pp.72-81

―― 2022「「推す」ことの倫理を考えるために」香月孝史・上岡磨奈・中村香住編『アイドルについて葛藤しながら考えてみた――ジェンダー／パーソナリティ／〈推し〉』青弓社、pp.46-71

濱野智史 2012『前田敦子はキリストを超えた――〈宗教〉としてのＡＫＢ48』ちくま新書

―― 2013「地下アイドル潜入記 デフレ社会のなれのはて」『新潮45』二〇一三年八月号、新潮社、pp.212-219

Rich, Adrienne, 1986, "Compulsory Heterosexuality and Lesbian Existence," *Blood, Bread, and Poetry : Selected Prose 1979-1985*, W. W. Norton & Company, Inc.（＝ 1989 大島かおり訳「強制的異性愛とレズビアン存在」

『アドリエンヌ・リッチ女性論——血、パン、詩。』晶文社、pp.53-119）

## Code2

青田麻美 2020「「イケメン」な女性アイドル——工藤遥試論」『ユリイカ』二〇二〇年九月号、青土社、pp.266-274

稲増龍夫 1989『アイドル工学』筑摩書房

—— 1999「SPEEDにみるアイドル現象の変容——「異性愛」から「自己愛」へ」北川純子編『鳴り響く性——日本のポピュラー音楽とジェンダー』勁草書房

宇多丸 2017『ライムスター宇多丸の「マブ論 CLASSICS」アイドルソング時評 2000-2008』光文社

香月孝史 2022「アイドルに投影されるもの」田島悠来編『アイドル・スタディーズ——研究のための視点、問い、方法』明石書店、pp.75-78

—— 2020『乃木坂46のドラマトゥルギー——演じる身体／フィクション／静かな成熟』青弓社

上岡磨奈 2020「えりぴよの視線の先へ——研究する女ヲタのまなざし」『ユリイカ』二〇二〇年九月号、青土社、pp.258-265

—— 2022「性を装うアイドル——演じる／演じない手段として」田島悠来編『アイドル・スタディーズ——研究のための視点、問い、方法』明石書店、pp.79-90

クリス松村 2014『「誰にも書けない」アイドル論』小学館新書

後藤純一 2011「ゲイアイコン2011」『CDジャーナル』二〇一一年九月号、音楽出版社、p.8

—— 2013「ゲイとアイドルの素敵な関係」『All About』二〇一三年八月一三日 https://allabout.co.jp/

gm/gc/424946/（最終アクセス二〇二二年三月一七日）
佐伯順子 2009『「女装と男装」の文化史』講談社選書メチエ
佐藤悠祐 2022「秋元真夏さんの炎上を見た、いち当事者の気持ち。」『note』二〇二二年四月三日 https://note.com/sato_ysk/n/n8268727c02d（最終アクセス二〇二三年九月五日）
鈴掛真 2020「ゲイの僕が女性アイドル「モーニング娘。」にどハマりしている理由——アイドルって何だろう」『FRaU』二〇二〇年二月八日 https://gendai.media/articles/-/70672?page=6（最終アクセス二〇二三年九月五日）
中川右介 2007『松田聖子と中森明菜』幻冬舎新書
中村香住 2020「「女が女を推す」ことを介してつながる女ヲタコミュニティ」『ユリイカ』二〇二〇年九月号、青土社、pp.249-257
原田イチボ 2020「ＬＧＢＴをオープンにするアイドルが増加——ファンに勇気与える」『ＮＥＷＳポストセブン』二〇二〇年七月二六日 https://www.news-postseven.com/archives/20200726_1581077.html/（最終アクセス二〇二二年三月一七日）
ブルボンヌ 2011「ゲイのキワモノ学」『ＣＤジャーナル』二〇一一年九月号、音楽出版社、p.9
森山至貴 2020「マッコの「コスプレと似てる」発言で考えた〝女装〟をめぐる根深い問題——女装はＬＧＢＴに含まれますか?」『PRESIDENT Online』二〇二〇年二月一九日 https://president.jp/articles/-/32960（最終アクセス二〇二三年九月五日）

## Code3


稲増龍夫 1999「SPEEDにみるアイドル現象の変容——「異性愛」から「自己愛」へ」北川純子編『鳴り響く性——日本のポピュラー音楽とジェンダー』勁草書房

末吉9太郎 2019「モーニング娘。に憧れた男の子」『ユリイカ』二〇一九年一一月号臨時増刊号、青土社、pp.257-260

服部真希 2022「僕は女の子になれなかった。」『note』https://note.com/maki_oyogu/n/n3a127d19cfab（最終アクセス二〇二三年九月五日）

松原大輔 2023「「完全な男性になった」〝元女性〟アイドル衝撃告白——「男になれてよかった」26年目で明かす驚く過去」『東洋経済 ONLINE』https://toyokeizai.net/articles/-/667225（最終アクセス二〇二三年九月五日）

minan（lyrical school）2023「いつかアイドルになる」『ユリイカ』二〇二三年五月号、青土社、pp.143-146

宗像明将 2020「皆の自己肯定感を上げていきたい——ぎんしゃむ・ぷぅたんによるアイドル・MMが白キャンPと組んだ理由」『Yahoo! ニュース』二〇二〇年九月三〇日 https://news.yahoo.co.jp/expert/articles/c7713fc7ba159a72924a6cfb611c0fd32ff6f2e3（最終アクセス二〇二三年九月五日）

八木志芳「インタビュー：二丁目の魁カミングアウト——ゲイでも諦めない、ゲイアイドルが国民的アイドルになるまで」『TimeOut』二〇一九年五月一五日 https://www.timeout.jp/tokyo/ja/music/interview-2tyoumenosakigakecomingout（最終アクセス二〇二三年九月五日）

ゆっきゅん 2021a（相沢梨紗との対談）「でんぱ組.incって、最高！——相沢梨紗×ゆっきゅん「好感Daybook♡」対談」『OTOTOY』二〇二一年一二月二四日 https://ototoy.jp/feature/2021122444（最終アク

セス二〇二三年九月五日）

―――2021b「自信を持って誇り高く、自分らしい生き方をしていきたい【ゆっきゅん】」『GLITTER』二〇二一年一二月四日 https://glitter-official.com/2021/12/yukkyun-interview/（最終アクセス二〇二三年九月五日）

和田彩花 2019「和田彩花は女でありアイドルだ。アイドルとして女性のあり方を問う覚悟――元アンジュルムリーダー。女の子が苦しまない世界へ」『She is』二〇一九年一〇月一五日 https://sheishere.jp/interview/201910-ayakawada/（最終アクセス二〇二三年九月五日）

## Code4

大桃子 2019「元『テラハ』アイドルが語る整形依存の過去、「美人であるだけでどれほど幸せか」」『ORICON NEWS』二〇一九年四月二日 https://www.oricon.co.jp/special/52760/（最終アクセス二〇二三年九月五日）

木村ミサ 2023「『わたしの一番かわいいところ』の生みの親木村ミサが語る、SNSを味方につけるアイドルプロデュース」『note』二〇二三年二月三日 https://note.com/jen_firebug/n/naa16c80da950（最終アクセス二〇二三年九月五日）

久保友香 2019『「盛り」の誕生――女の子とテクノロジーが生んだ日本の美意識』太田出版

須田亜香里 2017『コンプレックス力――なぜ、逆境から這い上がれたのか?』産経新聞出版

―――2022「アイドルとシスターフッド#5「アイドルと容姿いじり」」『QJ Web』二〇二二年一〇月三〇日 https://qjweb.jp/feature/77647/（最終アクセス二〇二三年九月五日）

竹中夏海 2021『アイドル保健体育』株式会社シーディージャーナル
千葉雅也 2014「イケメンであるとされるということ」『ユリイカ』二〇一四年九月臨時増刊号、青土社、pp.8-9
西倉実季＋堀田義太郎 2021「外見に基づく差別とは何か――「ルッキズム」概念の再検討」『現代思想』二〇二一年一一月号、青土社、pp.8-18
ヤマモトショウ 2022「KENDRIX インタビュー ヤマモトショウ～世界一かわいい音楽に潜むパトスとロゴス（後編）」『KENDRIX Media』二〇二二年一一月二一日 https://kendrixmedia.jp/article/1700/（最終アクセス二〇二三年九月五日）

## Code5

上岡磨奈 2021「「アイドル、はじめました。」――アイドルは仕事なのか、趣味なのか」宮入恭平・杉山昂平編『「趣味に生きる」の文化論――シリアスレジャーから考える』ナカニシヤ出版、pp.86-94
Johnny&Associates 2021「ジャニーズJr.制度改定に関するご報告」二〇二一年一月一六日 https://www.johnny-associates.co.jp/news/info-354/（最終アクセス二〇二三年九月五日）
須田亜香里 2021（高橋怜奈との対談）「【須田亜香里×高橋怜奈先生】アイドルはいつまで続けられる……!? ライフプランと妊娠・出産　後編」『フェムテックtv』二〇二一年八月二五日 https://femtech.tv/news74/（最終アクセス二〇二三年九月五日）
田島悠来 2022「「アイドル」を解釈するフレームの「ゆらぎ」をめぐって」香月孝史・上岡磨奈・中村香住編『アイドルについて葛藤しながら考えてみた――ジェンダー／パーソナリティ／〈推し〉』青弓社、

pp.155-175
predia 2021「prediaラストシングル『DRESS』解散発表後全員インタビュー」『Billboard JAPAN』二〇二一年一一月 https://www.billboard-japan.com/special/detail/3471（最終アクセス二〇二三年九月五日）

## Final Code

生田綾 2022「BTSのRMが苦悩を明かす。「アイドルというシステムは、人に成熟する時間を与えない」」『CINRA』二〇二二年六月一五日 https://www.cinra.net/article/202205-briefing-btsrm_iktaycl（最終アクセス二〇二三年九月五日）
香月孝史 2020『乃木坂46のドラマトゥルギー――演じる身体／フィクション／静かな成熟』青弓社
小山ひとみ 2020「THE9も誕生、中国は〝アイドル黄金期〟へ　人気アプリCEOと投資家に聞く、戦略と現状」『RealSound』二〇二〇年一二月一八日 https://realsound.jp/2020/12/post-675691.html（最終アクセス二〇二三年九月五日）
―――― 2021「異色のアイドル、リュウ・ユーシンが中国新世代スターになるまで」『CINRA』二〇二一年六月二三日 https://www.cinra.net/article/column-202106-liuyuxin_gtmnmcl（最終アクセス二〇二三年九月五日）
寺嶋由芙♪「【アイドルの皆さまへ】「事業持続化給付金」についてのご説明」『YouTube』二〇二〇年五月一一日 https://youtu.be/7nC3pa0L0MI（最終アクセス二〇二三年九月五日）
松本友也 2020「中国版プデュ『青春有你2』が問う、「ガールズグループ」の枠組み」『CINRA』二〇二〇年六月一八日 https://www.cinra.net/article/column-202006-youthwithyou_gtmnmcl（最終アクセス二〇二三

年九月五日）

YouthWithYou「青春有你2×时尚芭莎 全新时尚大片 NewRules 正式上线 YouthWithYou x BAZAAR Fashion album NewRules」『YouTube』二〇二〇年五月一五日 https://www.youtube.com/watch?v=_0tuQUaxLDQ（最終アクセス二〇二三年九月五日）

本書は書き下ろしです。

上岡磨奈（かみおか・まな）

1982年生まれ。慶應義塾大学大学院社会学研究科後期博士課程単位取得退学。専攻は文化社会学、カルチュラルスタディーズ。俳優、アイドル、作詞家などを経て、アイドルとアイドルファンを対象とした研究を開始。現在はアイドルの生活や仕事、キャリアを対象とした調査、研究を行っている。
共著に『アイドルについて葛藤しながら考えてみた――ジェンダー／パーソナリティ／〈推し〉』（青弓社）、『アイドル・スタディーズ――研究のための視点、問い、方法』（明石書店）、『消費と労働の文化社会学――やりがい搾取以降の「批判」を考える』（ナカニシヤ出版）など。

アイドル・コード
――託されるイメージを問う

2023年11月15日　第1刷印刷
2023年11月30日　第1刷発行

著　者　上岡磨奈
発行者　清水一人
発行所　青土社
101-0051　東京都千代田区神田神保町1-29　市瀬ビル
電話　03-3291-9831（編集部）　03-3294-7829（営業部）
振替　00190-7-192955

装　幀　六月
印刷・製本　シナノ印刷
組　版　フレックスアート

---


ISBN978-4-7917-7600-9 Printed in Japan